编委会名单

主　编：李秀云

编　委：李秀云　袁　林　王　巍　刘　杰
　　　　刘　旭　何　苗　张培坚　魏泽筠

情怀法大

李秀云 主编

中国政法大学出版社

2024 · 北京

声　明　　1. 版权所有，侵权必究。

2. 如有缺页、倒装问题，由出版社负责退换。

图书在版编目（CIP）数据

情怀法大 / 李秀云主编. -- 北京 : 中国政法大学
出版社，2024. 7. -- ISBN 978-7-5764-1543-8

Ⅰ. G649.281

中国国家版本馆 CIP 数据核字第 2024QY0126 号

书　　名	情怀法大 QING HUAI FA DA	
出 版 者	中国政法大学出版社	
地　　址	北京市海淀区西土城路25号	
邮　　箱	fadapress@163.com	
网　　址	http://www.cuplpress.com (网络实名：中国政法大学出版社)	
电　　话	010-58908435(第一编辑部) 58908334(邮购部)	
承　　印	固安华明印业有限公司	
开　　本	720mm×960mm　1/16	
印　　张	15.75	
字　　数	225千字	
版　　次	2024年7月第1版	
印　　次	2024年7月第1次印刷	
定　　价	76.00元	

序

Preface

　　在法大建校70年之际，我和同事们受学校的委托牵头梳理总结法大精神，查阅挖掘历史资料、多次召开不同群体的座谈会，访谈老同志，举办公开征集校歌等活动，广泛听取各方意见。经过近一年的努力工作，形成了法大精神建议稿并经校长办公会、党委常委会审议通过。本书就是在梳理过程中，所涉及的部分支撑材料的集合。

　　自1952年成立以来，中国政法大学已经走过了七十余年的发展历程。在这不平凡的七十多年中，法大历尽风霜，几经变迁，校名、校址、学科、组织机构、制度等诸多方面都经历过变化与调整。这些变化与调整本身已成为学校历史的一部分，是法大发展历程的缩影，也是探寻法大精神的线索。

　　回望历史，中国政法大学经1952年的院系调整，肇启红楼，源流五校。来自北京大学、清华大学、燕京大学、辅仁大学和华北人民革命大学的一大批优秀学者、管理干部，成为中国政法大学的前身——北京政法学院的开创者和奠基者。摊开建校初期的教师名单，我们既可以看到有着丰富实践经历的管理者，也可以看到新中国成立初期我国法学、政治学和社会学等学科的大部分知名学者。在初创的北京政法学院，他们不计个人得失，呕心沥血地为新中国法学教育贡献力量。

　　从1952年建校，1978年复办，1983年中国政法大学成立，到昌平校区的建设，再到进入"211"，跻身"双一流"……七十余年中，校园一址变二地，

情怀法大

学科丰富了，办学规模扩大了。随着时代的发展，法大不断调整组织机构，以适应不同时代党的建设、人才培养、学科建设、科学研究和行政管理的需要。同时，根据不同年代的要求，法大及时改革和更新教学、科研、人事、财务等方面的制度，不断为办学注入新的活力，保障学校中心工作的开展。

在持续的奋斗和不断的探索中，中国政法大学逐步确立了独特的办学目标和人才培养目标，提炼了校训和入学誓词，创作了校歌，并建设了一批独具特色的法大文化符号，诸如人物雕塑和特色景观。同时，学校还精心打造了众多富有特色的校园文化活动。七十年来，法大沉淀下了许许多多宝贵的精神财富，形成了艰苦奋斗的优良传统，值得我们今天的法大人去继承和发扬。

一步一步走来，是多少人的心血和汗水，是几代人的奋斗与耕耘。无论是多么艰苦的条件，多少难以攻克的困难，法大人始终没有忘记自己的初心和使命，孕育出一批批声名卓著的大师、学者，培养了三十万高素质人才，为我国社会主义建设和改革开放事业，特别是社会主义法治建设作出了重要贡献。

今天，中国政法大学被誉为"法学教育的最高学府"和"中国人文社会科学领域的学术重镇"，成为国家法学教育和法治人才培养的主力军、法学研究和法治理论创新的主阵地，在新时代推进全面依法治国和全面建设社会主义现代化国家的伟大征程中持续贡献法大智慧和法大力量。

2017年5月3日，习近平总书记考察中国政法大学并发表重要讲话。习近平总书记的重要讲话精神为全面依法治国和法学教育提供了根本遵循，也为中国政法大学的建设发展指明了方向。法大人牢记总书记嘱托，在新时代明确目标，为将法大建成致力于法治中国建设的世界一流大学而接续奋斗。

七十余年筚路蓝缕，七十余年一脉相承，依靠的是不断累积承续的优良传统。一代代先贤前辈忠诚担当，数十万师生校友团结一心，秉承的是每一位法大人点滴熔铸、不断凝练的法大精神。

这也是我们编写这本书的初衷——通过系统梳理法大的精神谱系、重要学术传承人、组织机构变迁、制度脉络和文化建设成果，详细描绘法大的文脉源流图景，呈现法大之所以成为法大的核心要素：法大精神。上述几个要素既是法大精神所表现的不同方面，也是我们深入了解法大的重要线索。只有当我们深刻理解了大师学者、校训校歌、独特景观、机构沿革、制度完善和特色文化对于法大的重要意义，这些历史符号和历史素材才会以更加生动的面貌、更加亲近的姿态走近今天的法大人，使抽象的"法大精神"以有血有肉、生动活泼的方式呈现在大家的面前。

特别感谢参与课题的刘杰、袁林、王巍、刘旭、何苗等同志们的辛勤努力，使得很多珍贵的历史得以记载、得以呈现。

本书作为校史的一部分，与校史的其他著作文献一起，为关心、热爱法大的读者提供认识和解析法大的另外一个侧面。如果本书能为校史研究和法大精神的发扬光大发挥微薄之力，并以此抛砖引玉带动更多的人投入到法大精神的挖掘和传播工作中，我和参与本书编写的所有人员不胜荣幸。当然，尽管书稿不停地改，不停地完善，还因篇幅所限不得不舍弃了学科发展历史等部分内容，但因所掌握的资料和本人学养所限，本书中的遗漏、错讹在所难免，我们期待方家不吝指正。

写就至此，我在法大工作学习已近43年，是法大发展壮大的见证者、参与者、建设者。我有幸成为法大人，亲历了法大不能忘记的历史瞬间——1983年5月7日，中国政法大学成立挂牌；1986年6月7日，昌平新校奠基典礼；2002年5月5日，人民大会堂举行50年校庆庆典；又迎来60年校庆，70年校庆，温家宝总理考察法大、习近平总书记考察法大，等等盛事……我上学期间听过11位学科创始人的课，参加过很多重要的学校活动，一直在法大学习工作至今。因此我熟悉法大的一草一木、一砖一瓦，是法大培养了我，是法大的精神滋养了我，我对法大感情至深至臻。每每唱起校歌《情怀法大》，不禁心潮澎湃，热泪盈眶。我想只有法大人才能理解这份情怀、这份感动和这份奉献中国法治建设的激情。

感慨法大肇始时的艰苦、成长过程的艰辛、发展过程的艰难，铸就了法大坚韧的品格；感动一代一代法大人从不停息的脚步和呕心沥血的付出，成就了法大的光荣与梦想。有道是法大精神薪火相传，法治信仰历久弥新。且容我一些时间，继续讲好法大故事。

中国政法大学副校长　李秀云

2024 年 3 月于法大昌平校区

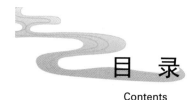

目 录
Contents

第一章 精神纽带

连接法大人的精神密码

大学精神是一所大学安身立命、建设发展的重要精神基础。自 1952 年建校以来，从北京政法学院到中国政法大学，从为国家培养急需的政法人才，到建成致力于法治中国建设的世界一流大学，法大的办学目标、人才培养目标随着时代的发展而调整变化，法大精神的内涵随着学校的发展不断丰富深化。

第一节　办学目标：体现法大特色 凸显时代精神

1952 年，在国民经济迅速恢复和发展的背景下，教育部贯彻中央"对政法财经各院系采取适当集中，大力整顿"的指示，按照"每大区条件具备时得单独设立一所政法院校"[1]的原则，决定建立北京政法学院（中国政法大学前身）。

新成立的北京政法学院，由北京大学法律系、政治系，清华大学政治系，燕京大学政治系大部分师生，辅仁大学社会学系社会民政专业少数师生及北京大学的一部分行政人员组成，并由华北行政委员会（主要是华北人民革命大学）调来一批干部担任各级领导。

在新中国成立初期的院系调整大潮中，一大批学校被撤销、调整，同时，也有一大批新的高等院校诞生。对于院系调整后的高等院校（包括新设立的院校）的办学方向和办学任务，国家有着明确的指示和要求。彼时的大学，尽管并无"办学目标"这一说法，但均根据国家的指示要求确立了清晰的办学方向。放到今日来看，我们将之称为办学目标也未为不可。

新中国成立初期各大区分别成立五所政法学院，其初衷是为刚刚诞生的新中国培养急需的政法人才（包括提升全国政法机关在职干部的业务工作水

---

[1]　中国政法大学校史编写组编：《中国政法大学校史》，中国政法大学出版社 2002 年版，第 3 页。

平），为国家法治建设提供重要助力。校史记载："建院初期，学院以培养新中国建设急需的政法人才为主要任务，根据新中国法制建设[1]的迫切要求和政法战线的需要，以培养司法行政干部，提高在职政法干部的业务水平为教学目标。"[2]

虽然称为"教学目标"，实际上却可以看作是法大建校初期的办学目标。

时任教育部部长马叙伦在北京政法学院成立典礼上的讲话中也提到："北京政法学院的具体任务，首先是适应目前为国家培养司法工作干部的急迫需要并提高在职干部的政治和业务水平。"[3]

北京政法学院首任院长钱端升在学院成立典礼上的讲话中也表示："在国家就要开始大规模的有计划的经济与文化建设的时候，给我们建立了这样一个新型的高等学校，使得我们同学们有可能培养成为国家优秀的政法干部，使得我们工作人员们有可能担负这个培养国家建设干部的光荣任务。"[4]

由此，我们可以总结出，北京政法学院建校初期的办学目标或办学使命主要是：建设**新型政法高等院校**，**培养国家建设急需的政法人才**，为新中国法治建设贡献力量。

1966年，北京政法学院停止招生；1970年，北京政法学院停办。经历多年的曲折，直到1978年，北京政法学院迎来复办。党的十一届三中全会以后，中国进入改革开放的历史新时期，各项事业蓬勃发展，政法系统恢复重建。

---

〔1〕 本文中对历史表述中的"法制"均保留其原说法，但在非引述历史文献部分则采用当前通行说法"法治"。

〔2〕 李秀云主编：《七秩辉煌：中国政法大学校史（1952—2022）》，中国政法大学出版社2022年版，第9页。

〔3〕 李秀云主编：《七秩辉煌：中国政法大学校史（1952—2022）》，中国政法大学出版社2022年版，第10页。

〔4〕 钱端升院长讲话稿现存中国政法大学档案馆。

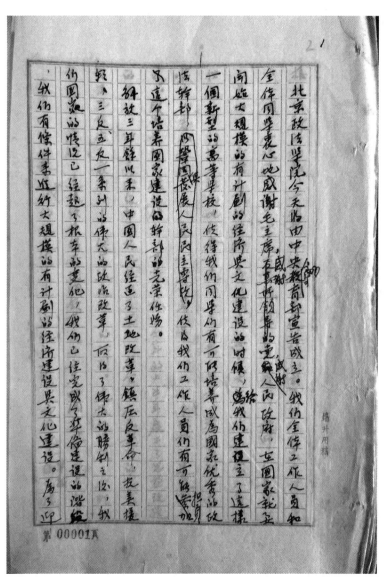

图 1-1：钱端升在北京政法学院成立典礼上的讲话稿首页
图 / 中国政法大学档案馆

1978 年 4 月 24 日至 5 月 22 日，最高人民法院召开第八次全国人民司法工作会议，讨论了加强社会主义法制的问题。会议通过了《第八次全国人民司法工作会议纪要》（中共中央〔1978〕32 号文件），正式提出"加强民主法制建设，培养司法人才"。随后，中共中央在批转该纪要时作出决定，要"恢复政法院系，培养司法人才"。[1]1978 年 8 月 5 日，国务院批准了北京政法学院复办的报告。[2]同日，最高人民法院、最高人民检察院、公安部、教育部联合下发了《关于国务院批准恢复北京、西北政法学院的通知》（〔78〕法司字第 82 号），就北京政法学院复办的有关问题作了安排。

北京政法学院复办后，在相关文件中并没有记载明确的办学目标。但在复办筹备过程中，学院对复办后的教学科研工作进行了认真的研究和论证，制定了新的教学计划和教学方案。经研究决定，学院本科设法律专业一个专业。根据法律专业教学方案，培养目标为：培养德、智、体全面发展，又红又专的司法工作以及法学教育和法学理论研究的专门人才。

从本科人才培养目标可以看出，此时的北京政法学院不仅要为恢复重建的公安、检察、审判等政法机关培养专门人才，也要培养法学教育和法学理论研究的专门人才，助力改革开放后的经济社会发展，为我国民主法治建设贡献力量。

1983 年，北京政法学院迎来建设发展的重大契机。在改革开放的春风里，法治建设大步向前，在北京政法学院和中央政法干部学校的基础上建立一所新大学的时机已经成熟。在邓小平同志的亲切关怀下，在彭真、陈丕显等中央领导的关心和支持下，中国政法大学正式成立。

早在 1982 年 1 月，中央政法工作会议就在关于加强政法工作的指示中明确指出，"要抓紧筹办中国政法大学，把它办成**我国政法教育的中心**"。[3]

---

〔1〕 中国政法大学校史编写组编：《中国政法大学校史》，中国政法大学出版社 2002 年版，第 73 页。

〔2〕 报告原文引自何长顺先生提供的回忆材料（2011 年 3 月 25 日，书面，未公开发表），现存中国政法大学档案馆。报告原件现存于最高人民法院文书档案室。何长顺，中国政法大学原党委副书记。

〔3〕 据中国政法大学档案馆《中共中国政法大学委员会关于申请将中国政法大学作为司法部"211"工程重点建设院校的报告》（1995 年 12 月 4 日），党中央、国务院要求将中国政法大学建成我国的"政法教育中心、法学研究中心和法学图书资料信息中心"。

这是中央对于即将成立的中国政法大学的明确定位，在中国政法大学成立以后一定程度上也可以看作学校的办学目标和办学方向。这一定位尽管没有出现于每一次关于学校办学目标的阐述中，但却作为指导思想始终激励和鞭策着法大的师生员工。

图1-2：时任全国人大常委会副委员长陈丕显在中国政法大学昌平新校区首届开学典礼大会上讲话　图／中国政法大学档案馆

1983年12月，教育部、司法部对中国政法大学提出"以法学为主、多学科综合性办学"的方针。为了贯彻落实中央关于"把中国政法大学办成全国政法教育中心"的指示，法大最终确定了"立足本科教育，办好研究生教育，发展成人教育，多方兼顾，均衡发展"的发展方向。1985年10月，根据中共中央《关于教育体制改革的决定》，结合本校的实际情况，法大提出《中国政法大学贯彻落实中央教育体制改革决定的意见》，确定法大将建成**以法学为主、文理渗透、多学科的政法综合大学**。

1991年12月，在中国政法大学第二届教职工代表暨第八次工会代表大会上，通过《中国政法大学十年发展目标和五年工作计划纲要》，提出法大未来十年的发展总目标是：在本世纪末实现党和国家关于把中国政法大学建设成为**以法学为主，政治学、经济学、社会学多科系的综合大学，成为我国**

法学教育中心、法学研究中心和法学图书资料信息中心的要求。

尽管纲要提出的是十年的办学目标,但秉承了中央对于中国政法大学的定位,也进一步明确了教育部、司法部提出的法大要"以法学为主、多学科综合性办学"的方针。

1996年初,中央召开了首次全国法学教育工作会议。会议要求法学教育要认真贯彻"三个面向"的教育方针,加大改革力度,全面提高法学教育质量和效益,并提出了"培养具有现代化法律意识、跨世纪的社会主义法制建设的合格人才"的培养目标。会议提出,法学教育改革和发展的指导思想和奋斗目标是:以邓小平同志建设有中国特色社会主义理论和法制思想为指导,认真贯彻《中国教育改革和发展纲要》,以改革为动力,调整教育层次、结构,扩大教育培养规模,使法学教育结构更加合理,质量效益明显提高,最大限度地缓解社会对法律人才的需求。到2010年,建立起与社会主义市场经济体制、民主法制建设、社会全面进步相适应的具有中国特色的现代化法学教育体系,实现法学教育管理体制法制化、规范化,促进法律人才的培养规模和质量基本满足社会的需要。

首次全国法学教育工作会议为法学教育指明了方向,对面向21世纪的法学教育改革与发展具有重要的指导意义。会议召开后,中国政法大学积极贯彻落实会议精神,继续深化改革,提升人才培养质量,为培养符合社会需要的现代化法律人才、建设有中国特色的法学教育体系而努力。

首次全国法学教育工作会议后,中国政法大学的办学目标没有进行书面上的修改,但针对会议提出的目标和要求,学校进行了实际行动层面的积极调整,以高度的历史使命感不断深化改革,探索人才培养模式,努力为建设中国特色的法学教育体系贡献力量。这既是时代赋予的使命,也是中国政法大学作为法学教育排头兵的自觉担当。

时间转到2000年,高等教育改革迎来又一次重大契机,中国政法大学也步入新的发展阶段。

2000年1月29日,国务院转发了教育部、国家计委、财政部等部门

《关于调整国务院部门（单位）所属学校管理和布局结构的实施意见》。根据文件规定，中国政法大学被列入独立建制划转教育部管理的 22 所普通高校之列。2 月 26 日，中国政法大学正式与教育部管理接轨。

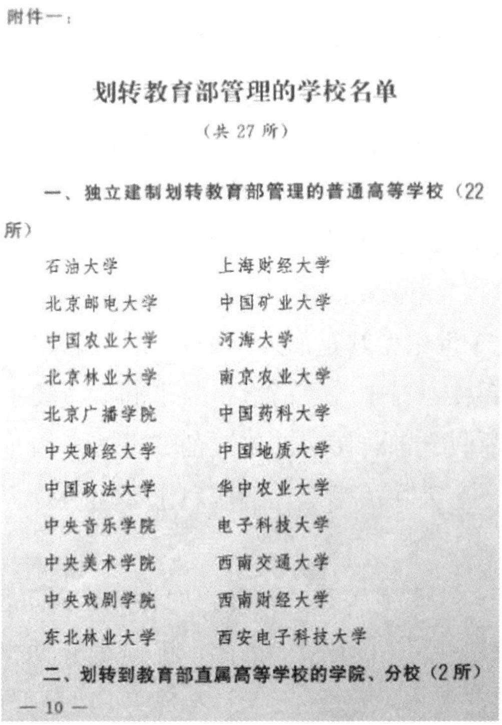

附件一：

划转教育部管理的学校名单
（共 27 所）

一、独立建制划转教育部管理的普通高等学校（22 所）

石油大学	上海财经大学
北京邮电大学	中国矿业大学
中国农业大学	河海大学
北京林业大学	南京农业大学
北京广播学院	中国药科大学
中央财经大学	中国地质大学
中国政法大学	华中农业大学
中央音乐学院	电子科技大学
中央美术学院	西南交通大学
中央戏剧学院	西南财经大学
东北林业大学	西安电子科技大学

二、划转到教育部直属高等学校的学院、分校（2 所）

— 10 —

图 1-3:《关于调整国务院部门（单位）所属学校管理和布局结构的实施意见》
图 / 中国政法大学档案馆

站在 21 世纪的新起点上，面对全球经济一体化、信息一体化的趋势，以及中国加入 WTO 对中国法治建设和法学教育的冲击，特别是学校划归教育部以后，面临来自部属兄弟院校改革发展的压力，这所在中国法学教育中占有特殊地位的高校的前进之路充满了机遇和挑战。如何抓住机遇、迎接挑战，在新的历史时期抢占法学教育的制高点，是事关中国政法大学建设发展的重大问题。

2001 年，经过深入细致的调查研究、座谈交流，法大确定了新世纪的

精神纽带：连接法大人的精神密码

9

定位和办学目标，即立志**把学校建设成为具有多科性、研究性、开放性、特色性的国内一流、国际知名的政法院校，在优势学科上争取达到世界一流，做中国法学学科的代表，成为国家政法教育、法学研究、法学图书信息资料和政策咨询中心。**[1]

这是学校通过官方文件明确发布的、自建校以来较为系统和完整的学校定位和办学目标，具有鲜明的时代特征。首先，学校划归教育部后，在高等教育竞争中不再仅仅面对其他政法院校，还要面对教育部直属高校和全国数百所高校，竞争的激烈程度已不可同日而语。划归教育部后，各项评价指标均需要按照教育部的统一要求进行调整，教学、科研、行政管理等各项工作也必须跟上高等教育改革的新要求。

其次，进入 21 世纪尤其是加入 WTO 后，国家经济社会迎来新一轮发展大潮，国家和社会对于人才的数量需求和质量要求势必产生新的变化。同时，在此前教育部、司法部确定的"以法学为主、多学科综合性办学"的基础上，法大在法学等优势学科上要力争世界一流，其他学科快速发展。

最后，经济社会的快速发展变化伴生的种种社会问题，已大大超过国家治理手段和法律法规更新的速度。因此，新的历史阶段不仅要求中国政法大学培养一流的法律人才，更要立足于社会现实，建设研究性、开放性的大学，对相关社会现象和法律问题进行深入研究，为立法机关、司法机关和行政机关提供大量高质量的政策性建议，做国家治理的"得力助手"。

事实证明，关于学校定位和办学目标的调整卓有成效，法大在划归教育部之后快速适应新形势，在日新月异的社会发展中坚持特色、与时俱进，取得了一系列喜人的成就。

2010 年 11 月 19 日，在《国家中长期教育改革和发展规划纲要（2010—

---

〔1〕 刘长敏主编：《甲子华章——中国政法大学校史（1952~2012）》，中国政法大学出版社 2012 年版，第 223 页。

2020 年)》颁布之际，中国政法大学召开第七次党代会。在此次大会上，法大对办学目标作了进一步调整，以符合该纲要的要求。会上提出，要"推动学校的整体发展朝着**开放式、国际化、多科性、创新型世界知名法科强校**的目标实现又一次历史性跨越"。

"特色性""研究性"分别被"国际化"和"创新型"替代。自中国政法大学 2009 外事工作会议以后，"国际化"作为一项重要战略被提出来，法大正式开启国际化进程：大力提升学校的国际化水平，持续推进国际合作，扩大留学生招生规模，推动教师、学生海外交流，聘请一批高层次外国专家，开展科研国际合作，并积极参与建设海外孔子学院。迄今为止，法大先后与55 个国家和地区的 288 所知名大学、科研机构和国际组织建立了合作交流关系，加入了欧亚太平洋联盟、全球法学院联盟、中国 – 中东欧国家高校联合会、亚洲法律学会等国际团体，发起成立了内地与港澳法学教育联盟，等等，国际化扎扎实实地取得了诸多成果。而从"研究"到"创新"，体现了在新的历史条件下教学科研的新要求。

自此，"开放式、国际化、多科性、创新型"的定位确定下来。并且，2001 提出的"国内一流、国际知名的政法院校"在 2010 年修订为"世界知名法科强校"。2015 年，国务院印发《统筹推进世界一流大学和一流学科建设总体方案》，"双一流"建设拉开序幕。在"双一流"建设背景下，中国政法大学召开建设世界一流学科工作会，提出"最终把中国政法大学打造成为开放式、国际化、多科性、创新型的**世界一流法科强校**"。2017 年 11 月召开的中国政法大学第八次党代会再次确认这一办学目标，"为把学校建设成为开放式、国际化、多科性、创新型的世界一流法科强校而努力奋斗"。

为进一步凝练法大办学传统，赓续法大精神，献礼学校 70 周年校庆，法大于 2021 年启动法大精神大讨论活动，就法大精神谱系的相关内容进行了系统梳理和修订，经学校党委常委会讨论研究，确定我校的办学目标为：**建成致力于法治中国建设的世界一流大学**。

图 1-4：中国政法大学七十周年校庆

图／中国政法大学党委宣传部（新闻中心）摄影工作室

新的办学目标在两方面进行了修订。一是由"世界一流法科强校"修订为"世界一流大学"，二是对法大特色进行概括的定语从延续多年的"开放式、国际化、多科性、创新型"修订为"致力于法治中国建设"。历史地来看，这两方面的修订既是实事求是的，又是与时俱进的，与时代精神相契合，是办学目标内涵的一次重大调整。

在对学校的定位上，自建校以来，从北京政法学院到中国政法大学，法大的目标都是建设法科强校。北京政法学院建校初期，办学的主要目标是建设一所有别于旧社会大学的新型政法高等院校，培养国家建设急需的政法人才；中国政法大学成立后，中央对于法大的定位是"我国政法教育的中心"；1985年根据教育部、司法部的要求，法大致力于建设"以法学为主、文理渗透、多学科的政法综合大学"；2001年提出"国内一流、国际知名的政法院校"；2010年提出"世界知名法科强校"；2015年修订为"世界一流法科强校"。

从以上不同时期法大的办学目标可以看出，法大对于办学目标的定位，是根据不同历史时期国家建设的需要而调整的，同时也跟法大在不同阶段的发展状况息息相关。70年来，法大从"学院"到"大学"，从只有一个法律专业到多科性综合办学，从"拎着马扎上课"到走向国际化；而今法大已成为"211"建设高校，进入"双一流"建设名单，法学学科登顶榜首，2017年更迎来了习近平总书记考察并发表重要讲话……法大的建设发展取得了一系列令人瞩目的辉煌成就。在迎来70周年校庆之际，法大提出致力于建设"世界一流大学"，既是基于历史和现实的发展需要，同时也是对法大在"双一流"建设背景下进一步提升办学质量、扩大国际知名度的高度期待。

法大对办学目标内涵的界定也具有鲜明的时代特征，同时又在精神内涵上一脉相承。建校初期，对法大办学目标内涵的界定更多体现在办学任务上，"为国家建设培养急需的政法人才"；其后，无论是"以法学为主、文理渗透、多学科"（1985），"以法学为主，政治学、经济学、社会学多科系"（1991），还是"多科性、研究性、开放性、特色性"（2001），"开放式、国际化、多科性、创新型"（2010），都是对办学特点的描述。纵观70年校史，为国家建设培养优秀人才，多科性综合型发展，或是加强科学研究、推动理论创新，或是做好政策咨询、加强社会服务，或是扩大国际交流合作、提升国际化程度，归根到底，都可以被涵盖于"致力于法治中国建设"。也就是说，在办学目标的内涵界定上，法大从较为具体的、列举式的概括，修订为涵盖学校办学育人所有使命和任务的"致力于法治中国建设"，内涵更加丰富，秉承了自建校以来法大始终为法治建设贡献力量的传统，也更契合将全面依法治国纳入"四个全面"的战略布局，建设法治国家、法治政府、法治社会的时代精神。

第二节　人才培养目标：德法兼修 明法笃行

人才培养是高等教育的根本任务，不断提高人才培养质量、为国家建设

　　培养符合时代要求的高素质人才，始终是大学办学的题中应有之义。然而，大学的人才培养目标，又与国家建设各个历史时期的人才需求息息相关，与大学的发展阶段和历史定位紧密联系。因此，一所大学的人才培养目标需放在特定的历史时期中进行考察。

　　就法大而言，其建设和发展不仅与不同历史时期的国家建设需要紧密相关，与国家高等教育的方针政策紧密相关，更是与中国法治建设进程紧密相关。与共和国同呼吸、共命运，与新中国法治建设休戚与共，是中国政法大学70年发展历程的突出特点。从自身发展来看，在北京政法学院时期和中国政法大学成立以后，法大的办学定位和办学目标都根据不同的发展阶段进行过多次调整，相应地，人才培养目标也为了适应不同的发展目标而进行了调整。

　　北京政法学院建校初期，法大以培养新中国建设急需的政法人才为主要任务，根据新中国法制建设的迫切要求和政法战线的需要，**以培养司法行政干部，提高在职政法干部的业务水平为教学目标**。[1]

　　在这一阶段，作为新中国成立后创建的"新型政法高等院校"，北京政法学院不仅承担着为国家建设培养政法专门人才的任务，还承担着为华北地区县级法院正副院长、审判员及公安司法干部等在职政法干部举办一年期的轮训任务。在废除南京国民党政府的"伪法统"后，新生的中国急需建立自己的法律体系，同时也急需大量政治上可靠、专业上过硬的政法干部，以投入到全国各地的建设中去。因此，在早期的人才培养目标（教学目标）中，就必须兼顾专修科和"调干生"两种类型的人才培养。

　　1954年，中央召开全国政法教育会议。会议指出："政法教育的教学改革工作较之其他学科更为迫切和必要。"会议确定了过渡时期政法教育应

---

〔1〕 李秀云主编：《七秩辉煌：中国政法大学校史（1952—2022）》，中国政法大学出版社2022年版，第9页。

"适应政法工作发展的需要，有计划按比例地培养忠于社会主义建设事业、热爱祖国、体格健全、具有坚定的工人阶级立场和社会主义政法观点、掌握先进政法科学、熟悉专门政法业务的工作干部和法律专家"。[1] 会议提出在那一时期，政法学院应担负培养专门人才和短期轮训在职干部的双重任务，学制为 4 年。为此，北京政法学院积极贯彻过渡时期政法教育的方针，认真进行了学制改革。

学制改革的成果是，从 1954 年开始，学院停招二年制专修科和一年制调干班，开始招收四年制本科生。到 1955 年上半年，学院已全部转成本科教育，完成了由二年制专修科教育向四年制本科生教育的转变，为学校今后的长期发展奠定了基础。学院的办学逐步走向正规化，进入了一个新的建设与发展阶段。

1955 年 12 月，高等教育部审定了《北京政法学院本科生教育计划》，提出法大的教学工作应**以培养法律高级专门人才为目标**。

为适应提高教学质量和教师业务水平的迫切需要，1955 年北京政法学院决定在全国招收有一般理论与业务知识、现任政法学院助教或曾系统学习过理论与政法专业课程的大学毕业生为研究生，以培养民法、民事诉讼法、刑法、刑事诉讼法、司法鉴定等学科的专业师资，学制为二年。

北京政法学院的研究生教育，坚持了"德育第一、严格要求、保证培养质量"的方针，为北京政法学院和其他政法院校补充了各学科的师资力量，也为司法部门输送了一批高层次的法律人才。

1957 年后，整风"反右"、"大跃进"、"四清"等一系列的政治运动对高等教育产生了明显的影响。在政法教育领域，最大的影响体现在两个方面，一是过度强调阶级斗争和政法工作神秘化，带来政治上"又红又专"的人才培养要求；二是提倡教育结合生产劳动，导致生产劳动占用了过多的教

---

[1] 中国政法大学校史编写组编:《中国政法大学校史》,中国政法大学出版社 2002 年版,第 17 页。

学时间。

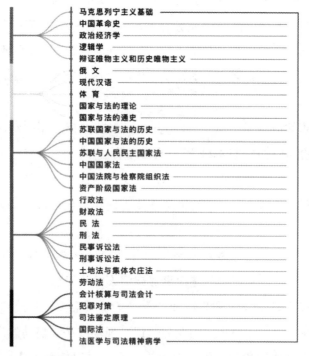

图 1-5：北京政法学院建校初期的 29 门课程 图 / 中国政法大学档案馆

政法教育的培养目标，从原来的"培养高级法律专门人才"和"政法干部"改为培养"具有共产主义觉悟，懂得阶级斗争知识，体魄健全，有文化，能劳动的政法工作者"。很快，又改为笼统而模糊的"培养又红又专，能够作为党的驯服工具的政法工作者"。彼时根据形势的需要，北京政法学院党委强调要全面贯彻"教育为无产阶级政治服务，教育与生产劳动相结合"的教育方针，不断调整教学计划和课程设置，开展了一场轰轰烈烈的群众性教学改革运动，并将劳动作为教育工作的重要内容。在"大跃进"和人民公社化等运动中，全校师生广泛参加了深翻土地、"除四害"、修建水库、大炼钢铁、大办工厂及公社的农业生产等各种劳动；"四清"运动期间，学院大部分的师生都到各地农村参加运动，并加强了对师生的军事训练。

1978年，北京政法学院迎来复办。此时，随着检察系统的恢复、司法部的重建和拨乱反正工作的进一步开展，国家的法制建设也进入了蓬勃发展的新时期，一大批法律法规相继出台，法学研究和法学教育也迎来了新的发展契机。复办后的北京政法学院本科只设法律专业一个专业，因此，法律专业的人才培养目标也可以看作学校的本科教育人才培养目标。根据法律专业教学方案，培养目标为：**培养德、智、体全面发展，又红又专的司法工作以及法学教育和法学理论研究的专门人才**。

1980年，司法部召开的政法学院教育工作座谈会规定了新时期政法教育的培养目标，即"主要培养德智体全面发展的审判员、检察员、律师、司法行政人员和法学教育、法学研究专门人才"。1981年，根据形势的发展和司法部的要求，北京政法学院对教学计划进行了必要的修改。修改后的教学计划将培养目标确定为"**培养坚持四项基本原则，掌握比较系统、全面的法律知识，能从事政法实际工作、政法教育和法学研究的德、智、体全面发展的专门人才，争取达到学士学位**"，并对德、智、体三个方面对人才培养的具体要求作了说明。

在改革开放的春风中，国家法治建设大步向前。由于此前长达十余年的停顿，国家政法机关在恢复重建的过程中又一次急需大批政治立场坚定、业务能力较强的法律专门人才。同时，修改后的培养目标也兼顾了法学教育和法学研究的人才需要，国家法治建设需要培养更高层次的法律人才，这也对学校高层次人才培养提出了更高的期待和要求。

中国政法大学成立后，同时开展专科、本科和研究生教育。在中国政法大学成立大会上，中共中央书记处书记、中央政法委书记陈丕显在讲话中指出，"中国政法大学要培养学生忠于法律、执法如山、刚直不阿的职业道德和革命情操，成为**有理想、有道德、有文化、守纪律的新型法律工作者**"。

"新型法律工作者"，表明中央对于人才培养的要求——必须适应社会主义建设事业的新需要，符合改革开放的新环境，贴近市场经济的新变化。

1986年1月21日—24日，在"整党"和加强思想政治建设的氛围下，中国政法大学党委召开学生思想政治工作会议，司法部副部长蔡诚到会讲话。会议要求，要进一步明确中国政法大学的培养目标，即**"培养在思想政治和业务能力两方面都具有高素质的政法人才"**。人才培养目标的定性再次回到"培养又红又专的政法人才"上。

随着进一步的改革开放，国家对涉外法律人才的需求量日益增大，为了符合中央培养"新型法律工作者"的要求，1989年3月，中国政法大学国际经济法系宣告成立。在成立大会上，时任校长江平发表讲话，要求国际经济法系**以培养懂外语、懂法律、懂经济的"三懂"人才为目标**。这是法大根据时代的要求，不断调整专业设置、分院设系的开端。在此后的建设发展中，不断有新的专业、新的院系成立。这些新的专业，都提出了自己的培养方案和人才培养目标，本书不一一赘述，仅以培养要求和培养目标较以往发生较大变化的国际经济法系为例加以说明。

1996年初，中央召开了首次全国法学教育工作会议。会议要求法学教育要认真贯彻"三个面向"的教育方针，加大改革力度，全面提高法学教育质量和效益，并提出了**"培养具有现代化法律意识、跨世纪的社会主义法制建设的合格人才"**的培养目标。会后，中国政法大学全面贯彻会议精神，继续进行教学改革，在院系、专业设置方面进行调整，深入多层次教育探索，以符合"培养具有现代化法律意识、跨世纪的社会主义法制建设的合格人才"的目标。

2000年，中国政法大学划归教育部。除了隶属关系上的变化，在办学理念、学科发展、教育教学思想等诸多方面迎来新的竞争和挑战。面对新的形势，法大下定决心进行教学改革，并于2002年底召开教学改革工作会议。此时，法大已确定了新的定位和办学目标，采取了一系列改革措施。但进行教学改革、提高教学质量、实现教育创新，无疑是这一系列改革中事关学校中心工作的重点。此次教学改革工作会议深入讨论了学校教育教学中存在的问题、面临的机遇和挑战，并提出了教学改革的基本思路和目标，对人才培养模式和培养目标也提出了新的设想。

会议提出，教学改革的目标是："经过十年左右的努力，在我校初步形成体现时代特征和法大特色的现代教育思想……使我校教学质量有明显提高，并在提高学生的素质、加强创新能力培养和注重个性化发展等方面取得突破性进展，**培养和造就一大批富有政法大学特色的、能适应 21 世纪我国社会主义法律文明和政治文明建设需要的、具有国际国内优势竞争力的复合型、高素质人才。**"此时法大的人才培养目标、培养模式上体现法大新的学科特色：一方面，根据社会需要，根据学科发展要求，培养专业口径宽、复合型、高素质的本科毕业生；另一方面，毕业生在知识结构、专业素质、实践能力等方面，应该体现法大的资源优势和办学特色。

此后，法大停办自考班、扩大研究生招生数量、试点开办"法学实验班"，开展一系列改革。其中，2008 年 5 月首次在民商经济法学院招收"法学实验班"，创新法学教育模式，率先开展法学教育模式的改革试点工作。"法学实验班"全新的教育模式注重培养学生忠于国家、忠于人民、忠于法律的政治道德和公平正义的价值观，在奠定坚实的法律理论基础的同时，强化知识的应用和职业技能训练。学生毕业后**将成为高素质的法律职业工作者，更加适应全球化背景下中国社会经济发展与改革深化的需要和建设法治国家的需要。**

2010 年，《国家中长期教育改革和发展规划纲要（2010—2020 年）》颁布实施。这是中国进入 21 世纪之后的第一个教育规划，是一段时间内指导全国教育改革和发展的纲领性文件。该纲要实施后，法学教育改革迎来新的阶段。

2010 年 5 月，法大牵头成立全国政法大学"立格联盟"，就法学教育改革和发展的重要议题进行研讨和交流。2011 年，教育部"卓越法律人才教育培养计划"正式启动。"卓越法律人才教育培养计划"是新中国成立以来教育行政主管部门实施的第一个关于法学高等教育的改革发展计划，也是继《国家中长期教育改革和发展规划纲要（2010—2020年）》颁布实施后，教育部在社会科学领域最先实施的卓越人才培养计划。该计划围绕提升人才培养质量的核心任务，针对法学教育面临的问题与挑战，以提高法律人才的实践能力为重点，采取多种举措，**加大应用型、复合型法律人才的培养力度，努力培养、造就一批适应社会主义法治国家建设需要的卓越法律职业人才。**

图1-6：立格联盟 图／法大新闻网

在经济社会快速发展、深化改革不断推进、全球化程度持续提高的形势下，国家和社会对法学人才的要求也不断提高，"高素质""复合型""卓越"等用词体现了对高校法学人才培养质量的高期待和高要求。

2012年3月，教育部出台《教育部关于全面提高高等教育质量的若干意见》（简称"高教三十条"），为高等院校进一步深化改革指明了方向。8月，法大专门召开会议，对贯彻落实"高教三十条"进行了详细部署。会议指出，要坚定不移地走内涵式发展道路，把提高人才培养质量作为学校工作中最核心、最紧迫的任务……确立齐头并进式的人才培养双目标，**培养"应用型、复合型人才"和"创新型、国际型人才"**。要继续保持在培养"应用型、复合型、技能型人才"方面的优势，同时高度重视"创新性、国际型人才"的培养。

在《教育部关于全面提高高等教育质量的若干意见》和《教育部财政部关于实施高等学校创新能力提升计划的意见》的指导下，"内涵式发展""特色型发展"成为法大的新发展理念，"创新型""国际化"则成为人才培养的重要目标之一。

2017年，中共中央总书记、国家主席、中央军委主席习近平在中国政法大学考察时强调，全面推进依法治国是一项长期而重大的历史任务，要坚持中国特色社会主义法治道路，坚持以马克思主义法学思想和中国特色社会主义法治理论为指导，**立德树人，德法兼修，培养大批高素质法治人才**。习近平总书记的重要讲话为法学教育指明了方向，也为法大办学治校、建设发展提供了根本遵循。学校以习近平总书记重要讲话为行动指南，立足立德树人根本任务，坚持德法兼修的人才培养要求，在中国特色社会主义新时代，继续为国家培养大批高素质法治人才。

2020年，在中央全面依法治国工作会议上，习近平总书记强调："要坚持统筹推进国内法治和涉外法治。"中国政法大学始终把涉外法治人才培养放在突出位置，秉承鲜明的国际化办学战略，对标**培养复合型、应用型、创新型、国际型的"四型"涉外法治人才**。为了加强涉外法治人才培养，中国政法大学与北京外国语大学在教育部及北京市委指导下签订联合培养协议，双方充分发挥各自的学科、专业和资源优势，以现有培养模式为基础、**以培养"外语法学双精通"的高端涉外法治人才为目标**，创新本科生和研究生跨校贯通培养模式，开办"涉外法治人才实验班"。

2020年11月26日，中共中央政治局委员、中国法学会会长王晨到法大就加强涉外法治人才培养工作进行调研。王晨强调，要深刻认识加强涉外法治人才培养的重大意义，坚持党的教育方针，坚持立德树人，坚持问题导向，补短板、强弱项，为加快涉外法治工作战略布局提供有力人才支撑。加强法律储备和人才储备，努力**培养大批政治立场坚定、专业素质过硬、跨学**

科跨领域、善于破解实践难题的一流涉外法治人才队伍。

　　加强高端涉外法治人才培养，是服务于国家涉外法治工作战略布局的需要，也是国家对中国政法大学人才培养的新期望、新要求，是时代赋予法大的新使命。在中央的关怀下，在国家和时代的召唤下，中国政法大学不忘初心、牢记使命，勇于担当、开拓创新，交出了自己的答卷。

　　2021 年，中国政法大学启动法大精神大讨论活动，就法大精神谱系的相关内容进行了系统梳理和修订，确定人才培养目标为：**坚持德法兼修、明法笃行，培养具有坚定理想信念、强烈家国情怀、高尚道德情操、扎实理论功底、卓越实践能力的高素质人才。**

图 1-7：培养"外语法学双精通"的高端涉外法治人才 图 / 卢云开

　　70 年的发展历程，法大始终与共和国同频共振，取得了一系列辉煌成就，为国家培养了大批高素质的法治人才。在不同的历史时期，因应不同的国家战略和社会需求，学校不断修订人才培养目标。法大的人才培养目标从"又红又专的政法工作者"，到"德法兼修、明法笃行的高素质人才"；从只有一个法律专业到中国人文社会科学领域多科性协调发展的学术重镇；从偏重培养实务工作者到多层次教育全面开花、研究型创新型国际化人才辈出，人才培养的内涵随着时代发展而不断变化，但以高质量人才培养服务国家建设、助力全面依法治国的初心从未改变。

第三节　校训：法大精神的高度凝练[1]

　　最能直观地体现大学精神与办学特色的，无疑是校训了。在漫长的办学历程中，由于时代的变化，某一时期缺乏明确的校训或经常修订校训，对于中国的大学来说也属常见。

　　改革开放以后，尤其是 20 世纪末以来，我国的高等教育飞速发展，招生规模不断扩大，学科建设日渐完善，办学治校走上稳定发展的正轨。在经历多年的停滞办学之后，众多高校都在复办的过程中追寻传统，希望重振往日的辉煌。对于大学精神谱系的追问和总结，也包含着对校训的发掘、修订和设立。

　　在北京政法学院时期，法大并没有明确记载的校训。法大的另一个前身中央政法干部学校也没有明确记载曾有校训。因此，在中国政法大学成立之前，法大的校训付之阙如。

　　现有明确记载的中国政法大学校训最早出现于 1991 年。[2] 1991 年 12 月 4 日—7 日，中国政法大学第二届教职工代表暨第八次工会代表大会举行，本次大会通过了《中国政法大学十年发展目标和五年工作计划纲要》。为实现十年总目标和"八五"期间的奋斗目标，振奋师生精神，增强学校活力，学校制定了校训，即**"团结、勤奋、严谨、创新"**。

　　这是法大最早的校训。校训的确定有助于团结师生，凝聚人心，增强全体法大人的归属感，提振赓续传统、接力奋斗的精神。然而，这一校训失之于简单宽泛，且与其他高校、中小学校校训过于雷同，无法体现法大特色，

---

　　〔1〕　本部分主要参考了晓理、琳琳：《新校训是这样诞生的》，载《中国政法大学校报》总第413 期，第 4 版；《校训的诞生与法大精神》，载刘杰主编：《法大凝眸：老照片背后的故事》，中国政法大学出版社 2022 年版。

　　〔2〕　晓理、琳琳的《新校训是这样诞生的》一文认为，校训是 40 周年校庆时确定的，该文载《中国政法大学校报》总第 413 期，第 4 版。

精神纽带：连接法大人的精神密码

难以凝聚法大精神。

图 1-8：海淀校区老教学楼墙体上的校训 图／艾群

校训确定以后，随着时代的发展和社会的进步，高等教育迎来发展大潮，中国政法大学也迎来重大改变——划归教育部。在建设发展的过程中，逐渐有在校师生和校友提出校训的修改问题。

2000 年，法大从司法部转隶教育部，开启办学历程新的历史阶段。时值世纪之交，从行业办学到直属教育部，从单一的学科结构到多科性综合办学，法大面临诸多机遇和挑战。多方协调迎难而上，走访调研深入实际，开启一系列改革，成为法大当时刚刚上任的领导班子唯一的选择。凝练法大精神、找准学校定位、确定新世纪的办学目标，对于学校来说事关改革的方向，是十分重要的战略决策。

2001 年，在即将迎来 50 周年校庆之际，针对部分师生和校友的提议，中国政法大学党委宣传部在 2001 年的工作要点中将征集校训的工作列到议事日程中，并经党委常委会的同意和授权，由党委宣传部在全校范围内征集校训、主色调和为校园道路命名。

2001年11月，校党委宣传部印发了500份征集启事在全校发放，并通过校报、广播、橱窗、校园网同时征集，以期在更大的范围内征求师生对校训的建议。征集的结果出乎大家的预料——广大师生对于校训的关注度实在太高了！征集启事发出的第二天，政治与管理学院[1]的林存光老师就通过校园网发来了第一份校训建议稿。林存光老师的建议稿完稿迅速，而且非常贴近校训征集的要求。

同时，法大学生社团管理委员会在校团委的指导下，在全校学生中开展校训征集活动。12月1日，征集结束，学生社团管理委员会共收到来自全校18个学生社团的36条校训建议。学生社团管理委员会经过整理，将一份打印工整的《关于征集校训、校标、校内道路命名的总结报告》交到党委宣传部。

在此后数月间，许多法大老教授、青年学者、离退休老干部纷纷抽出时间，贡献自己的智慧，将自己对于法大精神的理解凝聚成校训建议稿，用电话、传真甚至通过班车转送到党委宣传部。

93届毕业生唐云在网上看到母校征集校训的消息后，马上把自己对校训的理解和校训的建议意见以书信的形式邮寄到学校。政管院的陆显路老师特意从国外打来长途电话，告知他的校训建议已发送到电子邮箱，提醒党委宣传部注意查收。当时的青年学者舒国滢、李曙光、刘广安、龙卫球等积极贡献自己的思想和智慧，为校训提出自己的见解和建议。法律古籍整理研究所的吕立仁老师甚至先后两次带病撰写校训建议稿。

陈光中教授写好关于校训的意见后，先是打电话专门告知，后又将意见稿发来传真，最后又托班车将意见稿带到昌平校区交给党委宣传部，以致最后收到了陈先生三份意见稿。如此重视和谨慎，足见陈光中先生对于法大心怀怎样的热爱，又对校训修订的重要性如何地看重。

其他的老教授、老领导也十分重视校训的修订，江平教授、张晋藩教

---

[1] 后更名为"政治与公共管理学院"，校内师生多简称为"政管院"。

授、高潮教授等老一辈学者都为校训提出了珍贵的修改建议。

2002年1月，党委宣传部将收集到的校训建议稿逐一整理、归类、汇编成册，发给各校党委常委和部分师生代表，同时在橱窗中进行展示并进一步征询意见。在广泛征求意见的基础上，2002年2月27日，党委宣传部第一次向党委常委会汇报关于校训、主色调、路名的征集情况。中国政法大学党委常委会认为，应在征集的56条校训中筛选出的8条倾向性建议稿基础上，进行进一步的总结和提炼，并扩大征询范围，让更多的师生参与讨论，从内容到形式深入挖掘校训应有的内涵。

3月5日，在全校宣传新闻工作专题会上，各系、院、部、处、所、室负责人纷纷发表对校训涵义和内容的意见。会上，大家的意见虽然不很统一，但都颇具建设性。同日，还召开了征集校训的学生座谈会，参会的同学切中主题，争论非常激烈。

3月14日召开的全校党总支书记会，及3月15日召开的校学术委员会，也都将校训的征集作为一个议题进行讨论，广泛征询意见。3月15日召开的离退休老干部老教授座谈会也专题讨论了校训问题，征求老干部和老教授的意见。党委宣传部还分别召开了部分海外留学归来的教师及中青年学者座谈会，并在校园网的主页上做了弹出窗口对入围的8条校训进行网上投票，参与人数达2660人次。

随后，党委宣传部对7个座谈会及个别关于校训的意见进行总结和归纳，最终有10条建议入围。4月11日，法大党委2002年第十次常委会的第一个议题就是研究校训。针对党委宣传部对10条入围校训的说明，到会的党委常委进行了认真热烈的讨论。

时任党委书记石亚军提出用"明法厚德"基本上能涵盖比较集中的意见。在讨论中，副校长朱勇提出应该把"厚德"放在前面，得到与会常委的一致认可。校训的前4个字**"厚德明法"**就这样确定了。由于时间关系，讨论再三，后4个字暂时未能确定。石亚军要求每一位校党委常委会后要再认真思考校训的后4个字，并于会后次日统一交到宣传部。

4月18日，中国政法大学党委 2002 年第十一次党委常委会的第二个议题仍是讨论校训。讨论过程中，校长徐显明提出的后 4 个字**"格物致公"**得到常委会的一致认可。至此，为期近 5 个月的校训征集活动尘埃落定。"厚德明法，格物致公"经过党委常委会集体研究通过，在校庆 50 周年之际，成为中国政法大学新的校训。

此次校训征集共发放书面征询 500 份、召开了 7 个座谈会，共征集到校训的建议意见 100 多条，法大在校报、广播台、橱窗、校园网等平台进行了广泛的宣传，直接参与者达 3000 多人次。从某种意义上说，校训的征集过程是法大人对法大精神的集体思考和凝练，校训的诞生是法大人集体智慧的结晶。

新的校训厚重沉稳，包容大气，包含了人文精神、法治精神、科学精神和公共精神各个方面的要素，是对法大精神和大学价值的凝练和升华，既是法大人的精神追求，又是法大人的行为指南和自我要求。

"厚德"源自《易经》的"天行健，君子以自强不息。地势坤，君子以厚德载物"，意在培养师生优良的公民道德、职业道德、政治道德，增厚美德，容载万物。这是人文精神的凸显。

"明法"取自《管子·明法》，意求师生学法、懂法、守法、护法、用法，以法治天下、建设法治中国为己任。这是法治精神的体现。

"格物"出自《礼记·大学》的"致知在格物""格物而后知至"，意促师生实事求是，求真务实，有科学的思维和理性。这是科学精神的写照。

"致公"取法于《礼记·礼运》的"大道之行也，天下为公"。此处"致"从"至"，"致公"也为"至公"，出自《管子·形势解》的"风雨至公而无私，所行无常乡"，意为师生要坚持和弘扬公平正义的价值观，有仁爱亲民、献身公益、服务公众的社会责任感。这是公共精神的张扬。

四目八字的校训，不仅朗朗上口，好懂易记，而且鲜明地体现了法大特色，以及中国政法大学的办学理念和人才培养目标。

"明法"二字，即突出地体现了中国政法大学"中国法学教育最高学府"的特色。自创办以来，法大始终不忘初心，以高度的历史使命感，响应国家战略布局，致力于法学教育改革创新，做法学教育的先行者，为国家培养急需的大批高素质人才；奋力开创理论研究新高度，探索法学研究新格局，为中国特色社会主义法治理论体系贡献力量；积极服务国家战略需求，助推全面依法治国，为建设法治国家、法治政府、法治社会提供法大智慧。

在法大，法治文化氛围极其浓厚，校园内塑有法鼎、法镜，还有镌刻着"法治天下"的石碑；有宪法大道、婚姻法小径，还有镶嵌着《世界人权宣言》全文的法治广场……具备法治精神是法大人的优秀特质。正是在"明法"校训精神的激励下，一代又一代法大人走向社会，在各行各业中恪守信仰，践行法治，为全面依法治国做出了突出贡献。

只具备法治精神并不全面，人文精神、科学精神和公共精神同样不可或缺。校训涵养着学子的精神气质，要看到校训的四目是整体，不能有所偏废："厚德"强调为人，"明法"强调为事的规矩、法度，"格物"强调为学，而"致公"强调为事。法大人天然"明法"，具有法治精神的特质，但不可忽略"厚德"的培养、"格物"的训练和"致公"的追求。不然，就会陷入法治形式主义、法治机械主义、法治文牍主义的泥潭。

中国政法大学在人才培养过程中，坚持"立德树人，德法兼修"理念，贯彻全员全过程全方位育人要求，通过教学互动、通专并举、虚实结合、内外联动，强化通识教育和实践教学，促使学生不仅具备法律素质和法治精神，而且还要具备人文情怀、科学理性、健全人格和社会责任感，成为完全的人、完整的人、全面发展的人，而不只是法律工匠。

"厚德、明法、格物、致公"八字校训的产生，汇集了所有法大人的智慧，也凝聚了法大人的共识，既是对法大精神、办学理念的一次全面思考和凝练，也是对法大人才培养的一次总结和办学方向的探索。这短短的八个字，背后饱含着多少人的耕耘与付出，更饱含着多少人的热爱和期待！

第四节　校歌：发扬优良传统　不变法大情怀

　　校歌是学校精神的高度凝练，体现了办学传统、校园文化的精髓，是学校历史和文化的积淀。为了凝练法大精神，传承校园文化，法大自建校五十周年以来多次开展校歌征集，获得广大师生校友的热烈响应，征集到诸多候选歌曲。法大十分重视包括校歌在内的一系列征集活动，多次召开座谈会，广泛征求离退休老干部、老教师和师生校友意见，组织专家评审，开展网络投票。然而，由于校歌事关学校办学传统、法大精神和文化传承，始终未能有一首校歌获得普遍认同，校歌迟迟未能确定。

　　2021年，在中国政法大学迎来校庆七十周年之际，学校再次开展校歌征集。经过认真研究和广泛讨论，最终确定由中国政法大学终身教授张晋藩先生作词、中央音乐学院作曲系郭小虎教授作曲的《情怀法大》为法大校歌。

　　历经二十余年，公开征集三次！多少人为校歌的产生贡献力量，多少热爱法大的师生校友关注进展。校歌的诞生，与历任校领导重视文化传承、凝练法大精神的理念分不开，更与所有的法大人情系军都山下、心念小月河畔的法大情怀分不开。这样的情怀，是法大的宝贵财富，更是法大人的精神传承。

　　自北京政法学院成立到中国政法大学成立，学校的发展历经坎坷，在历史的风风雨雨中饱经沧桑。中国政法大学成立后，伴随着改革开放的春风，学校迎来了快速发展。2000年，中国政法大学整建制划归教育部，随后迎来一系列改革。改革伊始，法大就对办学定位、办学目标、人才培养目标、校训、校歌等涉及学校自我定位、办学方向、大学精神的事项进行广泛讨论和深入研究。

2001 年，在即将迎来五十周年校庆之际，中国政法大学决定向校内外公开征集校歌。由校团委牵头主办校歌歌词征集大赛。校歌歌词征集获得了同学们的热烈回应，同学们热情高涨，纷纷投稿。截至 2002 年 3 月 25 日，共收到投稿 80 余份。

图 1-9：五十周年校庆时征集的歌曲《阳光下的法大》，作词：傅宇丹 图 / 中国政法大学校报

中国政法大学团委专门组织了校歌歌词大赛评委会，经过数轮评选，评出一、二、三等奖及优秀奖若干名。2000 级经济法系傅宇丹同学投稿的《阳光下的法大》获得一等奖。其歌词简洁有力，适合传唱，"挥起正义利剑 / 除尽人间邪恶 / 执起法律天平 / 守护政法尊严"契合法大特质，是此次征集中较为优秀的作品。然而,《阳光下的法大》歌词中,"五十年啊风雨无阻 /半世纪啊一往无前"明显是针对法大五十周年校庆,作为校歌显然并不适宜。因此,校歌暂时被搁置下来。

2006 年,校歌的征集再次被提上日程。2006 年 4 月,由中国政法大学党委宣传部牵头,再次公开向校内外征集校歌。

2007 年初,在广泛征集专家意见、开展网上投票后,最终形成校歌候选作品之一《法之路上》的初稿。2011 年,刘长敏教授对《法之路上》的歌词再次进行修改。同年,《法之路上》被列为法大 60 周年校庆的献礼歌曲之一。

2008 年,中国政法大学向当时的四位终身教授江平、陈光中、张晋藩、李德顺发出邀请,请他们为校歌撰写歌词。2009 年,由张晋藩先生撰写的校歌歌词《法大情怀》成稿。2011 年,《法大情怀》入选校庆献礼歌曲。

2011 年,法大再次向江平先生发出邀请,邀请他撰写校庆献礼歌曲歌词,江平先生欣然允诺,同年 3 月,江平老师的作品《法大之歌》成稿。2011 年 3 月,法大邀请我国著名剧作家、词作家阎肃先生和知名军旅作曲家、一级作曲孟庆云先生为校庆献礼歌曲作词谱曲,同年下半年,校庆献礼歌曲《法大永远向前》创作完成。2012 年,由法大校友、北京市帅和律师事务所合伙人沈腾律师作词,海政歌舞团一级作曲家龙伟华谱曲的歌曲《担当》,以及法大孙鹤老师作词、小提琴家林朝阳先生作曲的《才俊之歌》入选校庆献礼歌曲。

至此,经过长达数年的征集和准备,中国政法大学六十周年校庆献礼歌曲征集完毕。《法大之歌》《法大情怀》《法之路上》《法大永远向前》《担当》和《才俊之歌》这 6 首歌曲,既有来自于法大学生和教授的作品,也有来自于校友和社会著名词作家、曲作家的作品,具有广泛的代表性,表达了全校师生、校友和社会各界人士对法大深厚的情谊和热情的支持。

2012 年 4 月 27 日,中国政法大学六十周年校庆献礼歌曲发布仪式举行,

精神纽带:连接法大人的精神密码

正式对外发布 6 首献礼歌曲。虽经广泛征求多方意见，但正式校歌仍然未能确定。

2021 年，在即将迎来七十周年校庆时，中国政法大学再次在全校范围内开展法大精神谱系大讨论，对包括办学目标、办学传统、办学使命、人才培养目标、入学誓词在内的法大精神谱系深入研究论证、广泛征求意见。同时，对校歌进行专门研讨，再次开展了校歌征集，得到了全校师生员工、离退休同志、校友以及关心学校发展的社会各界人士的大力支持。此次征集共收到作品 88 部，经专业评审和网络投票，选出 10 部优秀作品。法大汇集三次征集来的优秀作品，通过召开座谈会等方式广泛征求师生校友、法大校园文化建设专家及中央音乐学院专业人士意见，经多次专题讨论，将《情怀法大》（张晋藩作词，郭小虎作曲）确定为法大校歌。

《情怀法大》由中国政法大学终身教授张晋藩先生作词，其歌词在 2009年成稿的《法大情怀》基础上修改而成。对于法大校歌，包括张先生在内的所有法大人都非常关注，资深教授、青年学子以及毕业多年的校友都为校歌倾注了自己的心血。许多校友都曾自己撰写了歌词，专门找知名作曲家来谱曲，词曲齐全地投稿。张晋藩先生同样非常重视校歌的产生。和校训一样，校歌是法大精神的高度浓缩，是法大人气质和情怀的集中体现，一经确定将传唱数十年，不可不慎重。自 2008 年应法大邀请撰写校歌歌词，至六十周年校庆《法大情怀》入选校庆献礼歌曲，再到七十周年校庆再做修改，张先生对校歌始终念念不忘，年逾九旬仍然在百忙之中抽空撰写和修改校歌歌词。

张晋藩先生的歌词立意高远，格局宏大，底蕴深厚而行文简洁。歌词将校训精神巧妙融合在内，同时将法大人信仰的共同理念、法大人追求的共同价值在短短数十个字之内生动体现，实属不易。作为校歌，当然要具象化且有感染力地集中展现法大精神的内核，方能获得包括新老教师、在校学子和广大校友的认可。

中国政法大学对校歌的最终确定高度重视。2022 年 2 月 26 日至 3 月

15 日，法大就《法大情怀》歌词通过教师工作部、学生工作部、校工会、校友会等向教代会代表及师生、专业作曲家征求修改意见，校领导也围绕这一主题开展了集体讨论并提出修改建议。在征求意见过程中，众多老教授、青年教师、各地校友和在校学生，纷纷从自己的角度提出自己对校歌的理解，从措辞、韵律等细节上提供不少有益的建议。

比如，曲作家郭小虎先生[1]提出，将"法大情怀"改为"情怀法大"意境更加开阔，意义更加积极，也更符合歌词本义。再如，"沧海洪波源于涓流"一句，"涓流"原作"清流"，有校友认为"清流"易引发歧义，且干扰了该段落的本义，而"涓流积至沧溟水，拳石崇成泰华岑"，陆九渊诗句中之"涓流"在此处寓意效果更佳。张先生自己的修改意见也提出将"清流"修改为"涓流"。此外，最后一句"明朝国之栋梁"，原作"国之干城"，有老师认为，"干城"乃捍卫者，涵括稍窄，作"栋梁"一则全文韵脚收归一韵，二则词义更加开阔宏大，可两全其美。

其歌词全文如下：

《情怀法大》

作词：张晋藩

军都山下，小月河边

矗立着政法教育殿堂

铸就厚德品格，淬砺明法锋芒

为民族昌盛，为祖国富强

为民族昌盛，为祖国富强

---

〔1〕 郭小虎先生是中央音乐学院作曲系教授，博士生导师，中国音协作曲理论学会理事，配器分委会副主任。毕业于中央音乐学院，任教后曾被文化部派往西班牙皇家马德里音乐学院研修作曲。郭小虎先生作品涉猎管弦乐、室内乐、轻音乐及流行音乐。2018 年 5 月 21 日，由郭小虎教授创作的少年儿童合唱曲目《向月》搭载嫦娥四号任务"鹊桥号"中继星升空，成为我们国家在太空中飞得最远的歌曲。

精神纽带：连接法大人的精神密码

情怀法大

行致公以追求社会和谐

勤格物以探索真理之光

黄钟大吕发自微音

沧海洪波源于涓流

看我法大学子，明朝国之栋梁

看我法大学子，明朝国之栋梁

2022 年 5 月，中国政法大学七十周年校庆前夕，法大校歌正式发布。一同发布的有合唱版、独唱版和纯乐器版等共 7 个版本，以供校内师生和广大校友使用传唱。

图 1-10：张晋藩先生与郭小虎先生 图／卢云开

2022 年 9 月，在中国政法大学校史展开展仪式上，法大向张晋藩先生和郭小虎先生颁发证书，感谢他们为校歌的创作作出的贡献。张晋藩先生和郭小虎先生则分别向法大捐赠校歌词、曲的创作手稿等资料，由中国政法大学档案馆收藏。

至此，历时二十余年的校歌征集终于开花结果。法大终于有了自己的校歌！

情怀法大

中国政法大学校歌

张晋藩 作词
郭小虎 作曲

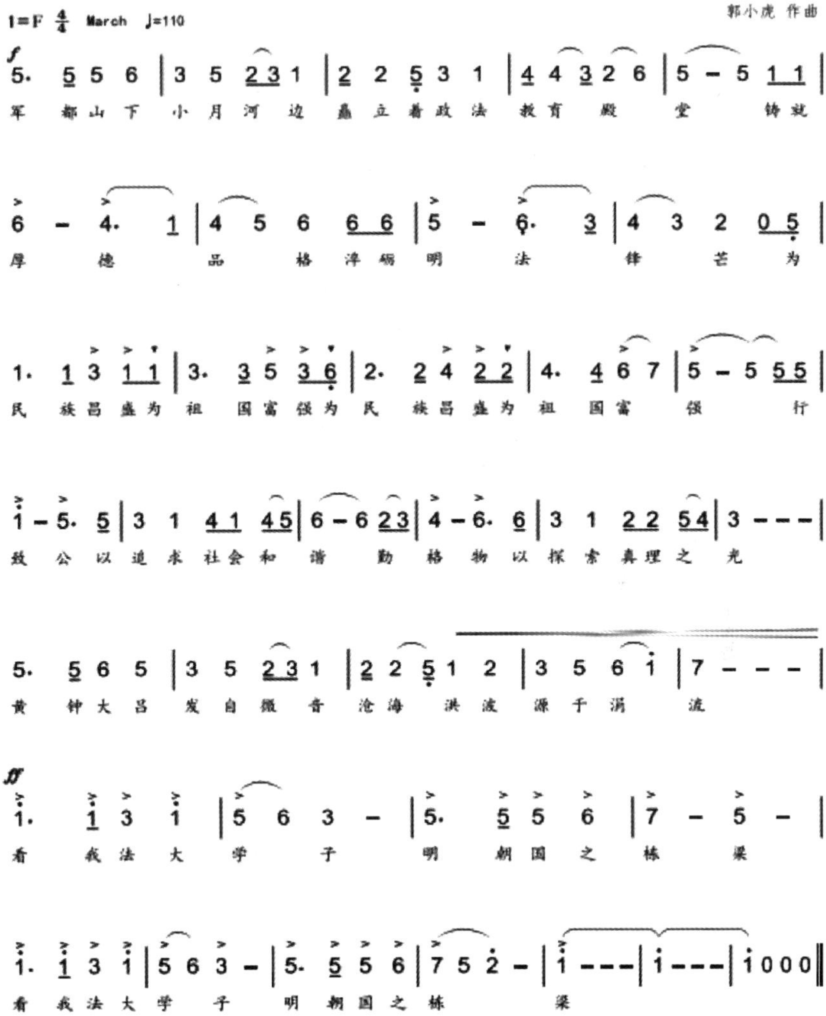

图 1-11:《情怀法大》被确定为法大校歌

附：校歌征集作品选录

《法大之歌》
作词：江平

四校名师相汇，八方学子相从，
北京政法学院，蓟门初创匆匆。

理论联系实际，法律服务民众，
利剑常握在手，天平长记心中。

民族迎来中兴，改革呼唤成功，
中国政法大学，昌平再建恢宏。

重厚德，倡明法，求格物，怀致公；
民主立，自由兴，正义扬，法治弘。

（副歌）

法大的命运与祖国相依，法大的脉搏随时代跳动，
今天学子以法大为骄傲，明天法大以学子为光荣。

《法之路上》
作词：杨燕萍　修改：刘长敏

有一种信念叫自由，有一种精神叫正义，
重厚德，倡明法，我们凝聚在一起；
岁月悠悠，小月河畔芬芳桃李；
法之利剑在我们手中传递。

有一种憧憬叫民主，有一种理念叫法治，

求格物，怀致公，我们奋斗永不息；

学海漫漫，军都山麓上下求索，

法之精神在我们心中延续。

（副歌）

法大的脉搏与时代一起跳动，

法大的命运与共和国相伴相依，

怀家国天下，昌文明法治，

风雨中我们勇敢前行不畏惧。

《法大永远向前》

作词：阎肃

玉兰无暇，法镜深远，法字墙旁是我们的家园。

厚德明法，格物致公，勤奋奉献迎接每一天。

不断进取，止于至善，成功者用行动代替言谈。

昌明法治，追求公正，胜利总是属于不断登攀。

（副歌）

啊，祖国的法治之路，任重道远，我们为她付出，心甘情愿。

做好手中事，把好每道关，让青春之火熊熊点燃。

中国政法大学永远向前，永远向前。

《担当》

作词：沈腾

法律擎天，高天朗朗，正义铺道，大道宽广。

迎着呼唤伸出援手，民意在心中最有分量。

倾听之中，明辨是非，问寻之中，知晓短长。

情系百姓送去温暖，真理的使者播撒阳光。

我的担当是神圣的担当，以理壮乾坤，以法行四方。

我的担当是公平的担当，我用热血谱写和谐的华章。

《才俊之歌》

作词：孙鹤

巍巍长城，莽莽燕山，华夏才俊，出自我政法校园。

巍巍长城，莽莽燕山，赤子之心，贡献我中华家园。

与国共休戚，与民共患难，自古三尺法，道义铁肩担。

政法政法，国之运势，时时与我相连。

政法政法，国之运势，时时与我相连。

巍巍长城，莽莽燕山，华夏英杰，出自我政法校园。

巍巍长城，莽莽燕山，赤子之心，贡献我中华家园。

獬豸去不直，九州雍和显，治国平天下，惠人救时艰。

中华中华，国之运势，事事与我相连。

中华中华，国之运势，事事与我相连。

第五节　入学誓词：一朝法大人　一世法大魂

在中国政法大学新生入学后的全校开学典礼上，有一项延续多年的活动独具法大特色，那就是集体宣读入学誓词。

在中国的大学里，除了部分特殊专业如医学、公安或特殊院校如部队院校学生在入学时进行宣誓外，中国政法大学恐怕是少有的进行入学宣誓的大学了。

法大的新生入学宣誓仪式起始于 1995 年。据参与第一版新生入学誓词起草的解廷民老师回忆，1994 年由江平老师提出，在中国政法大学的新生开学典礼上应该举行集体宣誓仪式、宣读入学誓词，以增强法大人的身份认同和文化传承。

该建议获得当时法大校领导的认可，并由学生处起草新生入学誓词和组织相关活动。任务下达后，学生处很快就起草了第一版新生入学誓词，并经校长办公会讨论通过，在 1995 年的新生开学典礼上首次使用。

该版入学誓词如下：

《中国政法大学新生入学誓词》（1995）

当我步入神圣政法学府之时

谨庄严宣誓：

我志愿献身政法事业

热爱祖国　忠于人民

严于律己　尊师守纪

勤奋学习　求实创新

团结互助　全面发展

挥法律之利剑　持正义之天平

情怀法大

> 除人间之邪恶 守政法之圣洁
>
> 为社会主义建设和人类的进步事业奋斗终身！

自 1995 年开始使用，到 2015 年进行首次修订，这一版入学誓词使用了整整二十年，在二十届法大新生的记忆中留下了深刻的印象，树立了法学教育最高学府巍然高大的良好形象。其中的"挥法律之利剑 持正义之天平 / 除人间之邪恶 守政法之圣洁"，充分突出了法大的学科专业特性、充满理想主义的乐观精神和守护公平正义的积极力量，被校友们广泛认可和传播，正面树立了法大价值，充盈了法大精神的内涵。

当然，和校训一样，入学誓词也不可能超脱于时代而存在，必然会留下时代深刻的烙印。这一版誓词中出现像"严于律己""勤奋学习""团结互助"这一类放之四海而皆准的空泛之句也在所难免。此外，由于当时的学科专业较少，以法学和政治学为主，因此入学誓词的基调也过于强调法学，而忽略其余学科了。

图 1-12：1995 年，法大首次举行新生入学宣誓仪式 图 / 中国政法大学校报

总体而言，该版入学誓词是较为符合当时学校的现实情况的。

当一届届新生手持这张红色的纸片，举起右拳，念出这些铿锵有力的字句时，内心一定是汹涌澎湃的，一颗颗法治的种子在中国政法大学悄然萌芽……

随着时代的发展，时代精神也在发生变化。法大自 2000 年整建制划归教育部后，迎来一个快速发展的时期。

2001 年，经过深入细致的调查研究、座谈交流，中国政法大学确定了新世纪的定位和办学目标，即立志**把学校建设成为具有多科性、研究性、开放性、特色性的国内一流、国际知名的政法院校，在优势学科上争取达到世界一流，做中国法学学科的代表，成为国家政法教育、法学研究、法学图书信息资料和政策咨询中心。**

这一办学目标虽在往后的日子里不断修订，但明确提出的"多科性"发展却得到了坚持和贯彻，法大大力开展学科建设，学科体系日渐健全，法学以外的社会学、管理学、外国语言文学、哲学、新闻与传播学等学科不断发展，日益壮大。在新生入学誓词中，适当修正法学过于突出、其他学科少有提及的说法，时机已经成熟。在"挥法律之利剑 持正义之天平 / 除人间之邪恶 守政法之圣洁"之后，又加上了"积人文之底蕴 昌法治之文明"一句。

《中国政法大学新生入学誓词》（修订）

当我步入神圣政法学府之时

谨庄严宣誓：

我志愿献身政法事业

热爱祖国 忠于人民

严于律己 尊师守纪

勤奋学习 求实创新

团结互助 全面发展

挥法律之利剑 持正义之天平

精神纽带：连接法大人的精神密码

除人间之邪恶 守政法之圣洁

积人文之底蕴 昌法治之文明

为社会主义建设和人类的进步事业奋斗终身！

2014 年 12 月，由中国政法大学党委宣传部联合学生工作部发出"征集入学誓词修改意见的通知"，向全校师生征集修改意见。此后，学生工作部分别以召开座谈会、个别访谈等方式，广泛征求了教师代表、学生代表、辅导员代表、机关部处长代表等各方面的意见。党委宣传部在征集意见的基础上作出初步修改，并提交校园文化建设顾问委员会审核。

经过讨论，大部分师生代表的意见是该版入学誓词流传甚广，为大部分校友所熟知，十分深入人心，建议不做大的改动，只做局部微调。而集中反映最多的问题，仍旧集中在入学誓词突出地表达了法学专业的特点和法大的鲜明特征，但无法涵盖数量日渐增多的非法学专业学生。

为进一步凝练法大办学传统，赓续法大精神，献礼中国政法大学 70 周年校庆，法大于 2021 年启动法大精神大讨论活动，就法大精神谱系的相关内容进行了系统梳理和修订。其中，就包括入学誓词的修订。

新的入学誓词由学生工作部起草，并提交校长办公会讨论。经过慎重的研究和广泛征求意见，此次入学誓词作了较大的调整。主要体现在以下几个方面：

第一，将原来的"我志愿献身政法事业"改为"我志愿献身人类进步事业"。经过多年的建设和发展，法大已成为以法学学科为特色和优势，兼有政治学、经济学、管理学、文学、历史学、哲学、教育学、理学、工学等学科的国家"双一流"建设高校。法学依然是我校的优势和特色学科，但法学以外的学科经过多年的建设，也取得了长足的进步。将"献身政法事业"改为"献身人类进步事业"，更具包容性，也与习近平总书记"建设人类命运共同体"的宏伟愿景相契合。

第二，将"热爱祖国忠于人民／严于律己 尊师守纪／勤奋学习 求实创

新 / 团结互助 全面发展"四句改为"爱党爱国 忠于人民 / 德法兼修 明法笃行 / 尊师守纪 励志勤学"三句。删除严于律己、团结互助等较为宽泛、缺乏特色的提法，加入具有鲜明法大特色的"德法兼修 明法笃行"。2017 年 5 月 3 日，习近平总书记考察法大并发表重要讲话指出，要坚持立德树人，德法兼修，培养大批高素质法治人才。中国政法大学坚决贯彻落实习近平总书记重要讲话精神，以高度的历史使命感落实立德树人根本任务，矢志推进德法兼修，为国家培养大批高素质法治人才。

第三，将"积人文之底蕴 昌法治之文明"改为"积人文之底蕴 昌世界之文明"。而"挥法律之利剑 持正义之天平 / 除人间之邪恶 守政法之圣洁"二句，因为已经深入人心广为流传，未做改动。

第四，将"为社会主义建设和人类的进步事业奋斗终身！"改为"为中华民族伟大复兴奋斗终身！"因第一项修改已将"献身政法事业"改为"献身人类进步事业"，结尾处便不适宜重复出现"人类进步事业"。因应时代发展，将"社会主义建设"改为"中华民族伟大复兴"，内涵更加丰富，也更契合时代精神。

修订后的入学誓词全文如下：

《中国政法大学新生入学誓词》（2022）

当我步入神圣政法学府之时

谨庄严宣誓：

我志愿献身人类进步事业

爱党爱国 忠于人民

德法兼修 明法笃行

尊师守纪 励志勤学

挥法律之利剑 持正义之天平

除人间之邪恶 守政法之圣洁

积人文之底蕴 昌**世界**之文明

为**中华民族伟大复兴**奋斗终身！

入学誓词虽短，却赋予刚踏入法大校门的新生特殊的意义；入学宣誓仪式作为新生入学教育的重要一环，为一届届新生开启了新的人生阶段。短短的几行文字，小小的一张卡片，承载的是不断凝练、不断丰富的法大精神，是法大以高度的历史使命感，不忘初心、勇于担当，为党育人、为国育才，为中华民族伟大复兴培养大批高素质人才，为人类进步事业贡献法大力量！

第六节　老建筑：见证法大历史　筑造发展历程[1]

"所谓大学者，非谓有大楼之谓也，有大师之谓也。"清华大学老校长梅贻琦的这句名言，常常被中国政法大学拿来借用。其原因，相信所有法大人都心领神会：一方面，自北京政法学院肇始，法大大师云集，从建校初期的钱端升、曾炳钧、严景耀、戴克光等一大批学术大家，到如今江平、陈光中、张晋藩、李德顺、应松年五大终身教授，一代代大师们开启风气之先，引领思想之光，代表着法大学术的高度。

然而另一方面，在历经坎坷的七秩年华中，法大的校园也屡经波折。受限于历史和现实的原因，校园的狭小局促始终是法大人难以释怀的一个情结。从初创时期的"劳动建校"，到昌平校区的建设，再到近年来海淀校区的"就地发展"，每一代法大人都在尽最大的努力改善师生员工的学习、工

---

〔1〕　本部分主要参考了艾群：《即将消失的老校园》，载《法大人》第16期，第18–31页；刘杰主编：《法大凝眸：老照片背后的故事》，中国政法大学出版社2012年版；及何长顺先生、苏炳坤先生等人的回忆，文字材料现存中国政法大学档案馆。苏炳坤，中央政法管理干部学院原党委副书记兼纪委书记。

作、生活环境。进入 21 世纪以来，法大迎来了持续快速发展，基础设施和校园环境有了巨大的改观。但也正因如此，在校园面积有限的情况下，许多 20 世纪 50 年代初期的老建筑不得不为更加现代化的、符合发展需要和师生实际需求的新建筑替代。

近十余年来，承载着诸多校友美好回忆的老建筑，逐渐被一座座高大雄伟的新建筑替代。老建筑的消失受到许多老教师、老校友的关注，因为在那座楼里，曾经留下他们刻苦攻书的身影；那个湖畔，见证过一缕缕懵懂情愫的萌芽；那个办公室，是他们一生兢兢业业、辛勤育人的缩影。在海淀校区 7 号楼拆除之前，曾有校友为此专程回到学校，最后看一眼自己曾经住过的宿舍楼，留下最后一张合影。也曾有校友在旧货市场偶然发现 7 号楼拆除后的门板，上面赫然印着自己当年所住宿舍的门牌号，他如获至宝，高价买下作为收藏。

老建筑记录着一个时代的发展，也承载着一代代法大人的回忆。同在北京市海淀区学院路的原"八大学院"早在法大之前就已开启校园改造的工作，拆除部分老旧、不符合使用要求的建筑，建起高楼大厦。从另一个角度看，这何尝不是在为当下的师生创造一个窗明几净的教学环境？又何尝不能成为他们日后的美好回忆呢！

值得欣慰的是，法大和原"八大学院"校园改造一样，在拆旧建新的同时，都会尽力保留那些极具时代特征、足以见证学校历史的标志性老建筑。2019 年 12 月，中国政法大学海淀校区老一、二、三号楼作为"近现代建筑群"，成功入选"中国 20 世纪建筑遗产名录"，主教学楼作为同批建成、风格统一的配套建筑得以保留，构成了相对完整的法大法学教育历史建筑群。2021 年，中国政法大学海淀校区主教学楼入选北京市第三批历史建筑名单，予以保留。

让我们坐上时光列车，回溯 70 载的发展历程，回到法大初创时期，看看那些满载记忆的老建筑奠基于何处，又消失在历史的哪一个瞬间。

一、奠基法大：从北大红楼到学院路 41 号

1952 年底，北京政法学院在正式成立的时候，并没有单独的校舍，而是仍然与北京大学、中央财经学院共用沙滩校区。根据协商，归属北京政法学院专用的，是沙滩校区西校门起往东、经过电钟一直到东墙、广场内电钟以北的狭小区域，以及灰楼、活动楼、新灰楼、北楼。其他如广场、浴室、校医室、合作社、体育部等均为三校合用。

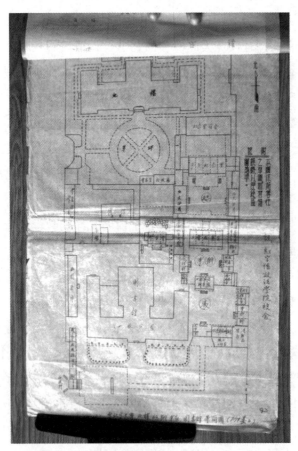

图 1-13：校舍分配示意图 图 / 中国政法大学档案馆

学院对接收的教员宿舍、学生宿舍进行了粉刷修缮，为灰楼安装了锅炉

等生活设施，分配了教室和桌椅，在"教学设备不全，物资匮乏，尤其是师资短缺"的艰苦条件下，北京政法学院的首批学员于 1952 年 11 月 13 日正式上课了。

然而，像这样共同使用一个校区终究不是长久之计，除了管理上的不便之外，学院和全院师生之间缺少了紧密联系的外在条件也造成了师生归属感的缺失。因此，校舍的建设便成了建校初期的紧要任务。

1953 年 2 月，北京政法学院第五次院务会议讨论了有关新校址的选择与建设问题，根据中央安排，新校址选择在北京西北郊土城，即后来的海淀区**学院路 41 号**，现在的海淀区西土城路 25 号。1953 年 7 月，新校舍开展兴建。1953 年 12 月，新校舍初步建成，师生陆续迁入。1953 年 10 月北京政法学院招收的第一批二年制专修科学生 289 人是第一批搬到这个刚建好的"学院路 41 号"的学生。1954 年 1 月 26 日，新校舍全部竣工，2 月 12 日，北京政法学院全部搬迁完成。

海淀校区建成的时候，这个被称为"北京政法学院"的新学校也仅有一号楼、二号楼、三号楼三个宿舍楼，一个学生食堂、一个教工食堂、一个礼堂和一个联合楼，以及操场北侧的两排工棚（后来作为家属宿舍和托儿所）。附近不远，就是著名的"燕京八景"之一"蓟门烟树"和元大都遗址土城的"元大都遗址公园"石刻。在当时的北京，这里已经算是郊区了，农民的庄稼地和地里的粮食都近在眼前。全院 863 名师生员工就在蓟门烟树、土城和庄稼地的包围中，迈出了开拓法学教育和法学研究的坚实脚步，开始了服务国家建设、助力全面依法治国的征程。

二、见证历史：迄今屹立的老楼

一号楼、二号楼、三号楼于 1953 年建成，在刚建成的时候被称为北楼、中楼、南楼，1958 年以后连同新建的新南楼一起称为一号楼、二号楼、三号楼、四号楼。后来海淀校区学生公寓新一号楼、新二号楼建成，它们又改

精神纽带：连接法大人的精神密码

称老一、二、三号楼（四号楼拆除）。这三幢楼是法大最早一批建成的建筑，极具 20 世纪 50 年代仿苏式建筑的典型风格。三幢楼均为红砖墙体，楼层不高，只建了三层，有着灰色三角形的屋顶，两端屋顶成一个三角形的斜面顶。进入楼里，沿着幽深的楼道两侧是房间，每层都配有盥洗室和卫生间，窗户是开得很大的四扇窗，明亮舒适，大门开在两头。这三幢楼是典型的苏式筒子楼的范式，质量很好，坚固沉稳。

图 1-14：一、二、三、四号楼 图 / 中国政法大学档案馆

其中，一号楼和二号楼作为学生宿舍，不带家属的青年教师则住在三号楼。1957 年以后，四届本科生都进入校园，宿舍开始紧张。1958 年，北京政法学院在三号楼的南面又建了一幢新南楼，即**四号楼**。因为经费紧张，四号楼用料和规格与前三幢楼无法相比，墙体薄，窗户小且只有两扇，楼梯楼道都窄了一些，每一层的房间多出几间，房间面积自然也小了。但是在外形上，仍然延续一、二、三号楼的苏式风格——东西走向的筒子楼，幽深的楼道两侧分布着房间，简单而实用。

随后，在校园的东北侧又盖起了**五号楼**，作为当时北京政法学院附属中学的学生宿舍，其外形风格与前四号楼保持一致。北京政法学院停办期间，五号楼被北京歌舞团占用作为家属宿舍，直至 20 世纪 80 年代，经过协商才慢慢还给学校，即现在中国政法大学出版社的办公场所。

2006 年，随着研究生招生规模的扩大，作为研究生院的海淀校区用地越发显得局促，宿舍也变得非常紧张。为了解决学生宿舍问题，学校决定拆除老四号楼，在腾出来的位置上建设一座 17 层的学生公寓。一、二、三号楼和五号楼则完整地保留下来。

三、使命完成：功能多样的联合楼

北京政法学院第一批建筑中，除了作为宿舍用的一、二、三号楼，还有老一辈校友耳熟能详的**联合楼**。所谓联合楼，就是说这座小楼承担了多种功能。这座三层的红色小楼首先是办公楼，学校所有机构都在里面办公；其次还是医务室和图书馆、阅览室；最后还是教室，承担了建校初期教学楼建成之前上课的功能。一层的西边是医务室（1978 年北京政法学院复办以后医务室仍在联合楼一层西边，但规模扩大改称校医院，所占房屋比原来多了一倍），中间是政治部、总务处办公室，东边是中等大小的教室。二层除了教务处、人事处的办公室，两边是大教室（配备扶手椅，能坐 200 多人）。三层的东半部分是图书馆和阅览室，西边是苏联专家的教学和办公场所。

当时北京政法学院同学们上课，人数众多的大课一般在礼堂，其他课一般都在联合楼里。1957 年教学楼建好后，上课基本都在教学楼和礼堂，图书馆也搬进了教学楼里，联合楼实际上成为北京政法学院的办公楼，但"联合楼"的名称一直延续了下来。

北京政法学院停办期间，联合楼被北京戏曲学校和北京歌舞团占用，两边的大教室变成两个单位的练功房。复办以后，联合楼被整体交还给法大，作为行政办公楼。但此时的人员规模与建校初期已不可同日而语，整个联合楼作为办公楼都远远满足不了需要。

图 1-15：联合楼 图 / 艾群

2009 年之前进入法大工作或学习的法大人，在海淀校区联合楼的外墙上还依稀可见当年刷下的标语："高举毛泽东思想伟大红旗奋勇前进。"这座见证了法大坎坷历史的小楼，最终在 2009 年与原七号楼、礼堂一起被拆除。如今，在原址修建起了高大的综合科研楼。

四、繁华中心：从大礼堂到"小礼堂"

同为法大海淀校区第一批建筑且后来被拆除"腾地"的，还有**礼堂**。中国政法大学海淀校区原有的"大礼堂"，从建校初期到被拆除，一直在师生的校园生活中发挥了巨大的作用。作为容纳人数最多的建筑，礼堂是北京政法学院的"政治文化中心"，[1] 全校大会、开学典礼、毕业典礼、报告会、上大课，乃至文艺演出、新年舞会、周末放映电影，都是在礼堂举行。

1952 年入学、1954 年毕业的赵克俭老师正好赶上毕业典礼首次在礼堂举行。1953 年入学、1955 年毕业的苏炳坤老师则清晰地记得当年钱端升院长在礼堂讲授宪法，雷洁琼副教务长在礼堂讲授婚姻法，以及历史学家侯仁之、地质部长何长工等人在礼堂作报告的场景。

---

〔1〕 据苏炳坤先生的回忆，引自艾群：《即将消失的老校园》，载《法大人》第 16 期，第 18-31 页。

礼堂占地不大，只有一层，有着很大的三角形屋顶，整个建筑跨度大，大门设在一端，结构实用简单。与20世纪50年代许多单位的大礼堂一样，可以明显看出来也是仿照苏联样式建造。

图1-16：拆除前的海淀校区老礼堂 图/艾群

自1953年到2009年，大礼堂见证了法大五十余年的发展历史。在半个多世纪的使用过程中，礼堂屡经变迁，根据不同时期的需要进行装修改造。刚建成时，礼堂放置的是扶手椅，舞台比较小，地面平整。后来因为舞台小使用不便，往前扩大了许多，并修建了两侧的台阶。

北京政法学院停办期间，礼堂同样被北京市的一些文艺单位占用，成为北京戏曲学校、北京曲剧团、北京歌舞团的排练厅，角落里堆满了各种杂物。直到北京政法学院复办，礼堂还没有收回来，以致复办后前几届的新生无法在礼堂举行开学典礼（复办后的第一届学生在冶金建筑研究院礼堂举行了首次开学典礼）。

2002年中国政法大学迎来50周年校庆时，海淀校区礼堂进行了翻修，地面增加了坡度方便后排观众观看，放置1000个固定座椅，还安装了空调。此时的礼堂仍然是海淀校区举行重大活动的场所，大型讲座、开学典礼、毕业典礼都在这里举行。然而，随着研究生招生规模的扩大，原本常常坐不满的"大礼堂"已经无法容纳所有新生或毕业生了。于是每每举办大型活动时，只能将礼堂作为主会场，在大教室设立分会场安排同学们观看典礼实况。这个历经沧桑的"大礼堂"已经变成了"小礼堂"，即将退出历史舞台。

图 1-17：在老礼堂举行毕业典礼 图 / 中国政法大学档案馆

2009 年，海淀校区礼堂完成了它的历史使命，与联合楼、七号楼一起被拆除。2010 年 3 月，崭新的综合科研楼从废墟中拔地而起。

五、总理关怀：宏伟坚固的老教学楼

如今我们进入法大海淀校区东门，首先看到的就是典型的苏式建筑——**老教学楼**。在北京政法学院最初的几幢建筑里，真正可以作为教室的并不多，只有联合楼里的几间大教室。1954 年以后，学院根据全国政法教育会议精神认真进行学制改革，开始招收四年制本科生；1955 年，学院招收第一批法学研究生。随着教学科研工作走上正轨，学校对于校舍尤其是教室的需求显得尤为急迫。

1956 年年底，北京政法学院院长钱端升、副院长李进宝和副教务长雷洁琼等参加在紫光阁召集的北京高校负责人会议，在会上共同向周恩来总理提出校舍紧张的问题，周总理当即答应责成有关方面抓紧解决。随后，学院开始建设海淀校区老教学楼主楼。这座教学大楼是在周恩来总理的亲切关怀下设计修建的。全院师生以高度的热情参加义务劳动，在校园东侧的一片空地上兴建教学楼。到 1957 年，教学楼主楼基本建成。

这座北京政法学院当时最宏伟的建筑是仿造苏联建筑的样式建造的，具有明显的苏式建筑风格。教学楼的图纸是基建科的几个老师仿照苏联建筑范式画出来的，整体呈三段式结构，有檐部、墙身、勒脚。中轴对称，中间高两边低，中间最高为 6 层，两边依次为 5 层、4 层。楼层高逾3 米，大厅高大而宽敞，正中央是宽大的楼梯。外墙体的颜色呈灰色，勒脚是白石子的贴面。大楼坐西朝东，与当时的"八大学院"一样，面向学院路。

图 1-18：刚建成时的教学楼 图 / 中国政法大学档案馆

教学楼正面有 5 个高大的拱形门洞，门洞的上面有凸出的雕刻花纹。大楼的最顶层也有 5 个拱形玻璃窗门，一层教室的窗户上沿呈棱角的拱形，和那 5 个拱门相互呼应风格一致。主楼的格局是半个"口"字，开口朝西，南北两端各有一座 4 层的侧楼与主体连接，这是典型苏式建筑的格局特征：结构稳重、主次分明、气势恢宏，显得庄严而神圣。

建成后的教学楼，教室有三种规格，主楼的小教室可以容纳 30—40 人，中教室 90—100 人，副楼的大教室则可以容纳 200 人左右上课。教学楼建成后，同学们上课就基本在这里了。

自海淀校区东门到老教学楼之间原本有一个很大的广场。这也是典型的苏联风格：雄伟的建筑前辟出开阔的广场，并在楼前广场上放置雕像，整体视觉效果庄严稳重，给人以极大的心理压迫感。20世纪80年代初小月河和学院路改造，中国政法大学东门一侧向内挪了十几米，教学楼前的广场缩小了很多，站在楼前虽然没有了当年空旷的感觉，但依然令人肃然起敬。

北京政法学院复办以后，教学楼多次进行翻修和改造，内部装饰逐渐有了现代的味道。老式的木门窗水泥地面已经被取代，桌椅越换越好，再也不能和当年的扶手椅同日而语了。20世纪80年代整个楼体外面做了防震加固框架，形成了许多凸出方格子，一改原来墙体平整的风格。后来外墙的颜色也改变了两次，先是粉刷成淡橙色，再后来通体贴上了白瓷砖，遮去了昔日岁月的留痕。拱门上面的石雕在翻修门脸的时候拆除，贴上了灰色花岗岩。

图1-19：20世纪80年代的教学楼 图/中国政法大学档案馆

六十余年过去，当年坐在崭新的教室里上课的青年学子如今已年逾古稀；三尺讲台上传道授业的教授们已相继作古，而彼时的年轻教师也从初执教鞭一站就站到了退休。

2021 年，中国政法大学海淀校区主教学楼入选北京市第三批历史建筑名单，得以保留。如今的老教学楼依然屹立在海淀校区东门，面向每一位到访者，面向每天的第一缕阳光。

六、人间烟火：六号楼和七号楼

在老教学楼的东南侧和东北侧，分别是**六号楼和七号楼**。当时教研室占用了三号楼，以致学生宿舍不足，于是建造了六号楼解决教师办公用房问题，仍将三号楼作为学生宿舍。建成于 20 世纪 80 年代的七号楼，在外形上与六号楼相仿，对称坐落于教学楼的两侧。

六号楼分两次建成，当时建完东侧的楼后经费较为紧张，最后由北京市教委解决了靠教学楼一侧楼房的建设经费问题，最终于 1962 年建成投用。

六号楼外形有着同教学楼的一些元素——平顶，三段式，尤其楼分两段直角相接，秉承了苏式建筑的传统，但是更加节省和质朴，没有任何图案和线条的装饰，房间较一、二、三号楼的略小，走廊狭窄，窗户开得也很小，反映了当时建设经费的不足。

后来，除了教师办公室、教研室的资料室，教职工的宿舍也安排在六号楼。那些年轻教师们在这里结了婚、生了孩子，楼里逐渐热闹起来，人也渐渐多了。学校停办期间，六号楼被北京市曲剧团占用，直到复办以后才要回来一部分，从安徽等地回来的老师们按照一家一间房进行安置。1981 年，七号楼建设完成，主要作为学生宿舍，教研室等办公室也搬迁到七号楼，六号楼完全成为教职工宿舍。后来，因为研究生宿舍不够，六号楼腾出一部分房间作为研究生宿舍。幽暗的楼道，公用水房、卫生间，在楼道里起火做饭、堆满杂物，晾晒的衣服从各个窗户里支棱出来……逐渐成为六号楼的常态。

2009 年，七号楼与原礼堂、联合楼所在的位置，建设了综合科研楼。六号楼则保留至今，依然以其饱满的烟火气、乱中有序的独特气质，与校园保持着若即若离的联系。那里依然生活着许多忙忙碌碌的法大人，在拥挤的楼道里匆匆而过，在逼仄的小房间里生生不息。

七、消失的风景：花园、操场、小滇池和图书馆

从最早的一、二、三号楼、联合楼、礼堂，到逐渐建设起来的四号楼、五号楼、教学楼、六号楼和七号楼，北京政法学院建校之初的主要建筑只有十余幢，被称为学院路上的"袖珍大学"。

那时的校园，虽然地处偏僻，周围几乎荒芜一片，但校园里到处绿树掩映，鸟语花香。操场和小滇池之间是桃园，教学楼和小滇池之间是核桃园，联合楼的北侧是葡萄园，一、二、三、四号楼之间遍植核桃树和枣树。海淀校区还有一个专门的**花园**，在现今食堂的位置，其中设有专门的花房，栽种各种花木。有些名贵的花开了，学校还会专门广播通知师生前往欣赏。

当然，从面积上看，海淀校区并不只有这些建筑。1952年北京政法学院成立时，按照招生规模进行征地，北京市委拟定的是190亩[1]。停办期间，北京政法学院的校舍被占用，校园里的空地也被盖起了楼房，昔日美丽的校园早已面目全非，面积也大大减小。建校之初的北京政法学院有操场、有游泳池、有花房，还有一个美丽的人工湖，楼与楼之间栽满花草树木，全院师生"劳动建校"参与建设起来的校园宁静而优美，多次被评为"先进校园"。

操场位于校园的最西侧（一、二、三号楼以西，后被占用盖了楼房，再也无法要回），是一个480米跑道的大操场。跑道由煤渣铺成，中间是标准大小的足球场，没有草坪，两侧有沙坑等设施，在操场的东西两边各有两个篮球场。1965年，北京政法学院的同学们用课余时间义务劳动，在操场以

---

〔1〕 此处说法不一，据部分法大老干部回忆，为300多亩。为保持与相关文件一致，本书关于用地等内容保留"亩"作单位。

南挖出来一个露天游泳池。游泳池的水来自学校自己打的一口机井，井的位置在如今"法治天下"碑的下面。这口井是法大自来水的来源，供应着全校师生的生活用水。当时北京的地下水还很充足，这口井的水又多又好，除了供应全校师生的生活用水，还能给小滇池和游泳池蓄水。学校停办期间，校舍被各种各样的单位占用，原先的大操场、篮球场等位置先后盖起了楼房，再也无法收回。

除了运动设施，当时的北京政法学院校园最受同学们欢迎的，当属**小滇池**了，它的名字源于建校初期的一段佳话。

图 1-20：1963 年张霭灿与同学在小滇池边合影 图 / 中国政法大学档案馆

1959 年，第一届全国运动会在北京召开。由于当时宾馆不多，从云南来北京参加全运会的解放军昆明部队运动员被安排在北京政法学院驻扎。为了表示感谢，他们决定利用训练之余的时间帮学校挖一个人工湖。

1959 年 3 月 23 日，全院师生举行挖建人工湖誓师大会，而后和解放军一起，在教学楼以西、联合楼以南的一片空地上开始了劳动。一部分同学和解放军一起在空地上挖坑，挖出来的土则堆到湖的中央，形成一个湖心岛，湖心岛上还建了一个湖心亭。另外一部分同学则排着队到新街口豁口将扒下来的墙砖装上解放军昆明部队的卡车，拉回学校，砌成人工湖的边墙。

　　小滇池建成以后，岸边和湖心岛又种上了垂杨柳和木槿花。一时间，小滇池成为校园里一道最亮丽的风景线，同学们在上课、劳动之余都喜欢在湖岸边看书聊天，在杨柳和木槿花之间徘徊。冬天到来，湖面结成了冰，同学们还在上面滑冰。

图 1-21：海淀校区老图书馆 图/中国政法大学档案馆

　　学校停办期间，师生分散各地，校舍被占用，无人管理的小滇池逐渐干涸，很快就长满了荒草，倒上了垃圾，一派破败的景象，一到夏天积水，还会散发出恶臭的气味。1986 年，法大在小滇池的位置上兴建了第一座独栋的**图书馆**，整个建筑沿着小滇池的湖岸呈半包围状将湖心岛围在中央。老图书馆只建了三层，总面积约 7000 平方米，外观朴素无华，却是学校历史上真正意义上的第一座图书馆。

　　但是这个图书馆存在的年头并不长。2013 年，老图书馆被拆除，在原址建设教学图书综合楼。2020 年，在原小滇池位置上建设的教学图书综合楼落成投用。该综合楼包含了新图书馆、新礼堂和部分教室。新图书馆位于教学图书综合楼西侧，总建筑面积 2.15 万平方米，共 7 层，其中地下 1 层、地上 6 层。目前，海淀校区图书馆藏书量达 149.7 万册，设有图书阅览区 7个，精品书展示区 6 个，共向读者提供 2040 个座位。

图 1-22：整体平移后保留的湖心亭 图 / 艾群

而原先矗立在小滇池中央的湖心亭，则整体平移到综合科研楼的西侧予以保留，算是小滇池最后的纪念了。

八、选址昌平 改造老校：学生食堂和家属楼

中国政法大学成立后，校方一方面不断协调北京市有关部门，抓紧收回北京政法学院时期被占用的校舍，另一方面加紧进行基础设施建设。在 83 级新生入学前不久，七号楼和一座全新的**学生食堂**落成。学生食堂分为上下两层，总面积约为 2690 平方米。同时，还在教学楼后建成一座活动图书阅览室，面积约 570 平方米，包括学生阅览室和教师阅览室。新的图书馆、家属宿舍楼也陆续动工，师生员工的工作、学习和生活条件得到了一定程度的改善。新的田径运动场也赶在新生入校前建成并交付使用。

同时，法大也继续争取在北京市区征地，以扩大校园的面积，改善办学条件。法大成立的时候，正值中共中央、国务院发布文件，规定大型学校以后一律不许在北京三环以内修建，征地变得十分困难。经过争取，北京市委在学校南侧给中国政法大学批了 29 亩地，即现今明光北里的中国政法大学**家属楼十三—十八号楼**。北京市委将这 29 亩地批给中国政法大学后，土地所在的公社和乡政府却将此地块划归冶金建筑研究院，后来北京市委在拓宽

■■■

西土城路时，又占用了学校东面的一部分土地，几经波折这 29 亩地才真正拨付给中国政法大学使用。土地拨下来之后，由于缺乏建设经费，采取了由中国政法大学出土地、当时的广播电视部和司法部出钱的形式合建了这几幢家属楼。

至于校门，建校初期北京政法学院并没有正式的**校门**，只在校园的东北角两栋平房的中间开了个口子，修了一条土路穿过西土城通向东面的马路。校园甚至连围墙都没有，只有一圈铁丝网将这为数不多的几幢建筑围起来。据董生林老师回忆，大概在 1956 年至 1958 年之间，在现在北门的位置正式建了一个校门，盖起了传达室，校门旁边还设置了自行车车棚。原先东北角的小门就不再使用，封闭起来。

图 1-23：老校门 - 北门 图 / 中国政法大学档案馆

老教学楼建成后，在教学楼东面设立了东校门。20 世纪 80 年代初，小月河和学院路改造，中国政法大学东门一侧向内缩减十余米，东校门挪到现在的位置。

不久，北京市委决定，将昌平县（今昌平区）建设成为以科研、教育和

旅游服务为中心的卫星城。经与有关部门协商，并经北京市政府批准，1984
年中国政法大学最终选定在昌平县择址兴建新校区，拟征地 557 亩，建筑面
积 15 万平方米。1985 年 10 月，第一期 5000 平方米工程破土动工。1987 年
7 月，第一期工程完工，昌平校区初步具备了教学配套能力；9 月，当年录
取的 800 名本科生和 700 名大专生到昌平校区报到。昌平校区迎来了第一批
学生，中国政法大学正式开启两地办学。

图 1-24：2022 年的中国政法大学海淀校区东门 图／卢云开

今天的海淀校区随着法大的发展和建设不断改换着模样。法大的老建
筑，如今完整保留下来的有：老教学楼，老一、二、三号楼，五号楼、六号
楼，以及平移后保留的小滇池湖心亭。对比建校初期和现在的海淀校区，可
谓是天壤之别。一幢幢高大的建筑在小小的校园里相继拔地而起，与老建筑
互为点缀、互为呼应，仿佛两个时代的对话，更像是跨越七十年的法大人之
间的传承。

法大七十周年校庆之际，法大海淀校区的建设仍在进行——东门改造
了，电线入地了，周边环境优化了，还有一幢新的建筑正在紧张施工中。
由于空间有限的客观条件，法大在原地发展的情况下合理规划、不断改善
校园环境，为如今的老师和同学们提供更多、更好的办公、学习和生活空
间。这是每一代法大人的共同心愿。

精神纽带：连接法大人的精神密码

第七节　人物雕塑：薪火相传　铭记先贤

一、谢觉哉铜像

图1-25　图/中国政法大学党委宣传部（新闻中心）摄影工作室

位置：中国政法大学昌平校区法渊阁南侧

落成情况：1994年6月，司法部和中国政法大学为纪念谢觉哉同志诞辰110周年敬立

人物简介：

谢觉哉（1884—1971），字焕南，别号觉斋，湖南宁乡人。"延安五老"之一。早年参加革命，主编中共中央机关刊物《红旗》等杂志。1933年进入中央苏区，任中华苏维埃共和国临时中央政府和毛泽东的秘书。1946年6月，任中共中央法律问题研究委员会主任委员。1948年任华北人民政府委员兼司法部部长。1949年9月，参加中国人民政治协商会议第一届全体会议。中华人民共和国成立后，历任中央人民政府内务部长、中央人民政府法

制委员会委员、政务院政法委员会委员、新法学研究院副院长等职务。1956年9月，在中共八大上当选为候补中央委员。1959年4月，任最高人民法院院长。1964年12月至1971年任政协全国委员会副主席。1966年5月，在中共八届十一中全会上递补为中央委员。主要著作收入《谢觉哉文集》中。[1]

谢觉哉同志是"延安五老"之一、著名的法学家和教育家、杰出的社会活动家、法学界的先导、人民司法制度的奠基者。1949年，著名私立法科大学朝阳大学改为了原中国政法大学，谢觉哉同志兼任新中国第一所政法大学校长，为全国培养了大批司法干部。1950年这所存在仅半年的"中国政法大学"二部、三部并入中国人民大学，在一部和新法学研究院的基础上调入部分华北人民革命大学的干部，组建了中央政法干部学校，成为日后1983年新建中国政法大学的重要组成部分。

二、钱端升铜像

图1-26　图/中国政法大学党委宣传部（新闻中心）摄影工作室

位置：中国政法大学昌平校区喷泉池西侧

〔1〕刘长敏主编：《甲子华章——中国政法大学校史（1952～2012）》，中国政法大学出版社2012年版，第214页。

落成情况：2002 年 5 月，由湖南校友会、56 级 6 班、1969 年赴藏全体校友捐赠

人物简介：

钱端升，字寿朋。著名法学家、政治学家、教育家和社会活动家。中国政法大学的前身北京政法学院首任院长。新中国成立后担任北京大学法学院院长。

1952 年全国高校院系调整，北京大学法学院并入新成立的北京政法学院。钱端升参与了北京政法学院的建校筹备工作，并担任首任院长。钱端升还致力于新中国的法制建设，1954 年被聘为全国人大宪法起草委员会顾问，参与新中国第一部宪法的起草。钱端升先生是中国民主同盟（民盟）中央常委，并于 1981 年加入中国共产党。[1]

实现中国的政治进步、制度昌明是钱端升先生一生的愿望，而沐浴在钱端升先生目光下的法大学子们也必将沿着时代的轨迹，将他的愿望变成现实。

三、雷洁琼绣像

图 1-27　图 / 中国政法大学党委宣传部（新闻中心）摄影工作室

---

〔1〕刘长敏主编：《甲子华章——中国政法大学校史（1952～2012）》，中国政法大学出版社 2012 年版，第 22 页。

位置：中国政法大学昌平校区格物楼一层大厅（第一次捐赠位于昌平校区礼堂前）

落成情况：2007 年，由法大湖南、湖北、广东、广西、上海校友分会捐赠（第一次捐赠为 2004 年）

人物简介：

雷洁琼，广东台山人，著名的社会学家、法学家、教育家，杰出的社会活动家，中国民主促进会的创始人之一和卓越领导人，中国共产党的亲密朋友，中国人民政治协商会议第六届全国委员会副主席，第七、八届全国人大常委会副委员长，中国民主促进会第七、八、九届中央委员会主席和第十、十一届名誉主席。

1949 年雷洁琼先生出席了政协第一届全国委员会全体会议。1949 年 10 月 1 日，雷洁琼先生登上天安门城楼，参加了开国大典。[1]

1952 年，在全国高等院校院系调整中，燕京大学被撤销，分别并入北京大学、清华大学和北京政法学院。雷洁琼和严景耀、张锡彤等五位教授被分配到北京政法学院。建校初期，雷洁琼担任北京政法学院副教务长兼教授。雷洁琼先生一生桃李满天下，而她最大的心愿就是能不懈地培养人才去建设一个真正的法治国家。

---

[1] 刘杰主编：《法大凝眸：老照片背后的故事》，中国政法大学出版社 2012 年版，第 28-30 页。

四、孔子圣像

图 1-28　图 / 中国政法大学党委宣传部（新闻中心）摄影工作室

位置：中国政法大学昌平校区文渊阁前

落成情况：2007 年 8 月，由香港孔教学院院长汤恩佳先生捐赠

简介：

孔子圣像塑像高 3.6 米，为青铜质地，底座高 0.8 米，长 1.4 米，宽 1 米，为黑色大理石。孔子是春秋末期思想家、教育家，儒学学派的创始人，他的思想及学说对后世产生了极其深远的影响。我校"厚德、明法、格物、致公"的校训就来自于儒家的"厚德载物""明法慎行""格物致知"及"天下为公"思想。法大还设有国际儒学院，并在海外建立了多所孔子学院。

五、彭真铜像

图 1-29　图 / 中国政法大学党委宣传部（新闻中心）摄影工作室

位置：中国政法大学昌平校区逸夫楼大厅

落成情况：2012 年 5 月，由政治与公共管理学院校友分会捐赠

人物简介：

彭真（1902—1997），原名傅懋恭，山西省曲沃县人，1923 年加入中国共产党。伟大的无产阶级革命家、政治家，杰出的国务活动家，坚定的马克思主义者，我国社会主义法制的主要奠基人，党和国家的卓越领导人。彭真曾任中共中央政治局委员、全国人大常委会委员长等职务，是邓小平主政时期的"中共八大元老"之一。1997 年 4 月 26 日在北京逝世，享年95 岁。

2012 是法大 60 华诞，也是彭真同志诞辰 110 周年。彭真同志是中国共产党八大元老之一，他与法大有着不解之缘。彭真同志是中国政法大学的前身之一——中央政法干校首任校长，他曾在北京政法学院举办讲座，鼓励师生学好法律，并在 20 世纪 80 年代初提议组建中国政法大学，长期关心、爱护、指导中国政法大学的教育事业。

第八节　特色景观：突出法大文化 弘扬法治精神

一、湖心亭

图 1-30　图 / 中国政法大学党委宣传部（新闻中心）摄影工作室

位置：中国政法大学海淀校区综合科研楼西侧

落成情况：始建于 1959 年，来京参加第一届全运会的解放军昆明部队运动员与北京政法学院师生共同建造

简介：

　　1959 年，来京参加第一届全运会的解放军昆明部队运动员驻扎在北京政法学院，为感谢学院师生的热情接待，他们利用训练之余与师生在校园里共同建造了美丽的人工湖和湖心岛，为纪念这份来自滇池的友谊，故将人工湖命名为"小滇池"，这座亭子就是当时的湖心亭。1986 年，小滇池被填平修建图书馆，但湖心亭一直被保留着。2013 年，学校拆除原图书馆兴建教学图书综合楼，为了保存当初法大师生劳动建校的共同记忆，湖心亭便被移

到现在的位置。

二、拓荒牛

图 1–31 图 / 中国政法大学党委宣传部（新闻中心）摄影工作室

位置：中国政法大学昌平校区启运体育馆前

落成情况：2001 年 10 月，由中国政法大学 87 级全体校友捐赠

简介：

中国政法大学 87 级本科生是法大历史上的"昌平一期"，拓荒牛代表了法大学子在困境中脚踏实地、开拓进取的精神，激励着一代代法大人艰苦奋斗、开拓创新。而法大也正像这一头俯身使力、奋勇向前的拓荒牛，在中国法治建设的道路上自始至终躬耕践行、开拓进取。作为法大昌平校区的标志性文化景观，拓荒牛还是同学之间、社团活动最常用的聚集地，"牛前见"便是法大学子最常说的一句话。

三、"扬帆"雕塑

图 1-32　图／中国政法大学党委宣传部（新闻中心）摄影工作室

位置：中国政法大学海淀校区综合科研楼西侧

落成情况：2004 年，由中国政法大学 80 级本科生校友为纪念毕业 20 周年捐赠

简介：

"扬帆"雕塑由中国政法大学首任校长刘复之先生题写了"扬帆"二字。

刘复之（1917—2013），广东梅县人。1937 年 11 月参加革命工作，1938 年 2 月加入中国共产党，是中国共产党的优秀党员、久经考验的忠诚的共产主义战士、无产阶级革命家，我国政法战线的杰出领导人，第三任司法部部长、第一任中国政法大学校长、第五任公安部部长、第五任最高人民检察院检察长。

刘复之先生 1982 年 4 月担任司法部党组书记，同年 5 月兼任司法部部长，1983 年 2 月兼任中国政法大学校长。20 世纪 80 年代，中国法治建设进入新的历史阶段，众多青年学子满怀理想与报国激情，在法大"扬帆"起航！

四、"法治天下"碑

图 1-33　图／中国政法大学党委宣传部（新闻中心）摄影工作室

位置：中国政法大学海淀校区东门北向路

落成情况：2005 年 7 月，由中国政法大学 81 级本科生校友为纪念毕业 20 周年捐建

简介：

"法治天下"四字由法大终身教授江平先生所书。碑文摘抄："中国政法大学八一级毕业廿周年相会之际，全体同学诚邀恩师江平先生题写碑文'法治天下'以抒彰我们入校之志向和追求，并与后学共勉之，推动国家法治建设、实现社会和谐发展。"

五、法镜

图1-34　图/中国政法大学党委宣传部（新闻中心）摄影工作室

位置：中国政法大学昌平校区主楼前

落成情况：2007年5月，由中国政法大学83级本科生校友捐赠

简介：

法镜，其名源于"明镜高悬"，"镜"在古代象征着清明吏治，如今象征着法律的公平。在造型上将方圆结合，取自于《孟子·离娄上》"不以规矩，不能成方圆"之意，体现法律的威严。

六、校训宝鼎

图 1-35　图 / 中国政法大学党委宣传部（新闻中心）摄影工作室

位置：中国政法大学昌平校区礼堂南侧

落成情况：2007 年 8 月，由北京大成律师事务所捐赠

简介：

校训宝鼎高 3.2 米，材质为锡青铜。其基本造型为三足鼎，上方有中华传统文化中的龙纹、环带纹、蟠璃纹等图形，象征法大文化一脉相承，以及"法"在中华民族各项事业鼎盛发展中的特殊作用。正面铭文为法大校训"厚德、明法、格物、致公"。法大校训集人文精神、法治精神、科学精神和公共精神为一体，是法大精神的精华，也是法大办学理念的集中体现。

七、法治广场

图 1-36　图 / 中国政法大学党委宣传部（新闻中心）摄影工作室

位置：中国政法大学昌平校区法渊阁东侧

落成情况：2007 年 10 月落成

简介：

　　法治广场主体建筑为两面主题墙，一面以《苏格拉底之死》为主题，再现了苏格拉底服刑前与弟子告别的场面。苏格拉底之死向后世昭示，法治首先是程序之治，法治的前提是法的善良，法治必定是良法之治和善法之治。另一面墙以《世界人权宣言》全文为主题，该宣言由 1948 年 12 月 10 日第三届联合国大会通过，是国际社会第一次就人权和基本自由作出的世界性宣言，是国际人权宪章体系的第一个文件。

八、海子石

图 1-37 图 / 张峻通

位置：中国政法大学昌平校区竹园南侧

落成情况：2015 年，由中国政法大学 56 级校友吴昌年捐赠

简介：

海子石上刻有诗人海子的作品《面朝大海 春暖花开》。

海子（1964—1989），原名查海生，出生于安徽省怀宁县高河镇查湾村，当代诗人。海子在农村长大，1979 年 15 岁时考入北京大学法律系，1982 年大学期间开始诗歌创作，1983 年自北大毕业后分配至中国政法大学，曾任校刊编辑与哲学教研室教师。1984 年创作成名作《亚洲铜》和《阿尔的太阳》，第一次使用"海子"作为笔名。

海子石石面精细磨平，色泽深沉，光亮可鉴，静默如海，一束铜制玫瑰花置于其上，如浮海面，既点明主题，又寄托了对海子的缅怀。

第二章　立德树人

法治之路上的法大前辈

新中国成立前夕的 1949 年 9 月 29 日，中国人民政治协商会议第一届全体会议通过的共同纲领提出："中华人民共和国的教育方法为理论与实际一致。人民政府应有计划有步骤地改革旧的教育制度、教育内容和教学法。"中华人民共和国成立后，在新民主主义教育总方针的指导下，国家借鉴党领导革命根据地发展高等教育的经验，依据我国教育不平衡性的复杂特点，逐步对旧大学进行接收和改造，建立适合新中国发展需要的高等学校。

1949 年 12 月 23 日至 31 日，教育部召开第一次全国教育工作会议，进一步确定新中国教育工作的目的，即"为人民服务，首先为工农服务，为当前的革命斗争与建设服务"，明确旧教育的改革方针、步骤和发展新教育的方向。在此次会议精神的指导下，国家对旧大学逐步进行接收和改造，大致分为三个阶段：第一阶段，1949 年至 1951 年，接收和初步改造阶段，顺利接管旧大学中条件较好的学校并开始进行初步改造；第二阶段，1951 年至 1953 年，院系调整阶段，对高等学校院系进行资源整合和调配，以适应新中国经济社会的发展需要；第三阶段，1954 年至 1956 年，巩固和发展阶段，在接收后的大学中进行教学改革、学制和领导体制的改革与完善，同时新一轮院系调整继续深入开展，实现高校资源在内地和沿海的合理配置，促进内地高校规模的扩大。[1]

为适应国家建设需要，教育部 1952 年 5 月出台《教育部关于全国高等学校 1952 年的调整设置方案》，[2] 将国家建设所迫切需要的系科专业分别集中或独立，建立新的专门学院，充分发挥师资和设备潜力，提高教育质量。中国政法大学的前身北京政法学院正是在这样的历史背景和发展需要下成立的，其师资队伍汇集了以北京大学法学院法律系、政治学系等系，清华大学政治学系，燕京大学政治系和辅仁大学社会系民政组为主合并而来的教师，

---

〔1〕 李晶：《新中国成立初期中国共产党对旧公立大学接收与改造的启示》，载《华中师范大学学报（人文社会科学版）》2023 年第 1 期。

〔2〕 参见何东昌主编：《中华人民共和国重要教育文献（1949～1997 年）》，海南出版社 1998 年版，第 150—153 页。

以及从华北人民革命大学等单位和地方调入的干部、教师，其中不乏当时和之后在法学、政治学等学科领域极具影响力的大师、名师。

法大建校之时，国家的高等教育已经根据中共中央《关于废除国民党〈六法全书〉和确定解放区司法原则的指示》精神，摒弃了旧的教学体系。北京政法学院确立了以全新的马列主义、毛泽东思想的国家观、法律观及新民主主义政策培养司法干部的指导思想，并在很长一段时间内不断探索"教什么"和"怎么教"的问题。从北大、清华、燕京、辅仁四校调入的教师，与从以华北人民革命大学为代表的华北地区相关单位调入的干部和教师，虽然在学习经历、工作经历等方面存在差异，但在当时对政法干部的专业性、政治性、实践性等方面的培养上，也不失为一种相互的补充，从而逐步形成北京政法学院的教学特色和大学文化，对今天中国政法大学的办学与发展仍产生深远影响。

2001 年，中国政法大学启动终身教授评选工作，至今共有 5 位教授获评"中国政法大学终身教授"称号。

2002 年 5 月，在中国政法大学建校 50 周年之际，经校学术委员会认定和学校批准，授予 15 位曾经为学校的建设事业作出开拓性贡献的教师"元老教师"荣誉称号，授予 11 位对学校学科建设作出开创性贡献的教师"学科建设开创者"荣誉称号。

因篇幅限制，本章仅对北京政法学院建校初期的名师、中国政法大学终身教授和学校 2002 年授予"元老教师""学科建设开创者"称号的名师进行简要介绍。其中，建校初期的名师包括来自"四校"的教授和副教授，以及从"四校"之外调入的人员。后者以原华北人民革命大学和华北地区的干部和教师为主，因当时还无评定教师专业技术职务，本章相关内容参考在 1956 年国家首次工资调整中评定教授等级时列入教学人员类别且工资级别在 6 级（含）以上[1]，同时担任副教授以上职务或担任教研室主任、教务长职务的人员。

---

〔1〕 1956 年工资改革方案中，教授工资执行 1 至 6 级工资标准，在科学上或教学上有特殊成就的教授，经高等教育部报请国务院批准，可另发"特定津贴"；副教授的工资执行 3 至 6 级工资标准。参见徐彬：《1956 年一级教授评定之研究》，南京师范大学 2007 年硕士学位论文。

第一节　北京政法学院建校初期的名师

一、"四校"教授、副教授

北京政法学院建校初期，从北京大学、清华大学、燕京大学、辅仁大学调整到北京政法学院的教授共有 **17 位**[1]，其中北京大学 7 位，为法学院院长钱端升，法律系费青、芮沐、黄觉非，政治学系楼邦彦、吴恩裕、吴之椿。清华大学 4 位，为政治学系于振鹏、曾炳钧、赵德洁、邵循恪。燕京大学 5 位，为政治系严景耀、雷洁琼、张锡彤、陈芳芝、徐敦璋。辅仁大学 1 位，为社会系戴克光。"四校"调整到北京政法学院的副教授共 3 位，为北京大学法学院法律系汪瑄、历史系阴法鲁和图书馆专修科王利器。这些来自"四校"的教师，虽有一部分因当时尚处于思想改造阶段而暂时无法执教或之后调离了北京政法学院，但其学术渊源及学术思想仍是当时北京政法学院发展基础的一部分，也是现今中国政法大学重要的传承。

（一）原北京大学教授、副教授

1. 法学院教授

钱端升[2]　字寿朋，1900 年 2 月生于上海。17 岁考入清华学校，19 岁

---

〔1〕　根据中国政法大学档案馆馆藏资料《关于我院旧教师的基本情况》（原文件无作者及形成时间，依据内文推定，形成时间应为 1953 年）记载，原北大、清华、燕京、辅仁四校被调整到北京政法学院的教授共 17 人，不包括在中央政法干校工作实际未到校的龚祥瑞教授及其他兼职教授。

〔2〕　钱端升部分主要参考资料（参考资料按照发表或出版时间从后向前排序，下同）：王涵：《钱端升：为国为民 法之大者》，载《民主与法制》2021 年第 36 期。吴麟：《知识人与时代相遇：钱端升在〈益世报〉的主笔生涯之考察》，载《南昌大学学报（人文社会科学版）》2018 年第 5 期。钱端升：《钱端升自选集》，首都师范大学出版社 2010 年版。熊继宁：《钱端升及其〈比较宪法〉》，载《比较法研究》2008 年第 2 期。徐彬：《1956 年一级教授评定之研究》，南京师范大学 2007 年硕士学位论文。中国政法大学档案馆馆藏资料《1956 年调整工资名册》。

被选送美国北达科他州立大学三年级攻读政治学，翌年获文学学士学位。1920 年入哈佛大学研究院，1922 年获得文学硕士学位；后继续攻读哲学博士学位，论文完成后到英国、法国、德国和奥地利等国访问考察。1924 年获得哈佛大学博士学位；同年回国，先后在清华大学、北京大学、南京中央大学和西南联合大学（简称"西南联大"）任教。1937 年—1949 年间，4 次应邀赴美国参加学术会议和讲学，1947 年任哈佛大学客座教授，1948 年当选国立中央研究院第一届院士。北平解放前夕，与中国共产党地下工作者紧密联系，保护学生；做教职工们的工作，维护接管学校，为北平解放后稳定北京大学的正常秩序做了大量工作。新中国成立后，任北京大学校务委员会委员、法学院院长。1952 年院系调整，受命筹建北京政法学院，被毛泽东主席任命为北京政法学院首任院长。1955 年起，任北京政法学院学术委员会主席。1956 年，在国家工资改革及教授评级中，获评一级教授。1974 年，调任外交部国际问题研究所顾问和外交部法律顾问。

图 2-1：钱端升
（1900.02.25—1990.01.21）

钱端升主要从事政治学研究和政法教育工作，曾讲授"宪法""议会政府""政治学""国家论""西洋史"等课程。率先运用"法律形式主义"的研究方法，将政治学研究聚焦于对各国宪法的研究。撰有《法国的政治组织》（商务印书馆 1930 年版）、《法国的政府》（商务印书馆 1934 年版）、《德国的政府》（商务印书馆 1934 年版）、《战后世界之改造》（商务印书馆 1943 年版）、《中国政府与政治》（英文版，美国哈佛大学 1950 年出版）等学术著作，合著《比较宪法》（商务印书馆 1936 年版、1942 年版）〔1〕《民国政制史》（商务印书馆 1939 年版）等，译有《英国史》（商务印书馆 1933 年版）。其中，《中国政府与政治》被英国牛津大学、美国斯坦福大学多次再版，成为美国大学"中国政治"课程教科书。1962 年，曾带领北京政法学院部分教师编译《当代西方政治思想选读》（未出版）。

从 1924 年到 1949 年，钱端升先后在《北平晨报》〔2〕《东方杂志》《现代评论》《今日评论》《益世报》等主流报刊发表政论时评六百余篇。其间，一度负责主编《现代评论》，与西南联大同仁主办政论刊物《今日评论》；尤其是 1934 年 1 月 1 日起专职担任天津《益世报》社论主笔，8 个月内发表社论约一百七十篇。1937 年国内抗战爆发后，应南京国民政府派遣，前往美、法、英等国宣传中国抗日情况。

1954 年钱端升出任中华人民共和国第一部宪法"五四宪法"起草委员会法律顾问，参与起草工作；担任中国人民外交学会副会长和对外友协副会长。历任第一届中国人民政治协商会议代表，第二、三、四、五届全国委员会委员，第二、五届全国委员会常委，第一届全国人大代表、全国人大常委会法案委员会副主任委员，中央人民政府政务院文化教育委员会委员，中国教育工会全国委员会副主席，中国政治法律学会副会长，中国教育工会北京市委员会主席等职。中国共产党十一届三中全会以后，担任第六届全国人大代表、常委会委员、法律委员会副主任委员、全国总工会法律顾问、中国民主同盟中央参议委员会常委、中国政治学会名誉会长、中国法学会名誉会长、欧美同学会名誉会长、中国国际法学会顾问等职。

---

〔1〕 参见［美］包华德主编：《民国名人传记辞典》（第四分册），中华书局 1983 年版，第 46 页。

〔2〕《晨报》，原名《晨钟报》，于 1916 年创办于北京，1918 年更名为《晨报》，1928 年停刊。1928 年 8 月 5 日改出《新晨报》，1930 年 9 月 23 日休刊。1930 年 12 月 16 日改出《北平晨报》，1937 年 10 月 16 日又改出《晨报》，期号接续《北平晨报》。

立德树人：法治之路上的法大前辈

图 2-2：费青
（1907.10.09—1957.07.24）

费青[1]　号仲南、图南，曾用笔名胡冈，1907 年 10 月出生于江苏吴江同里。1924 年入东吴大学学习医科，五卅运动和北伐大革命中，参加学生组织和活动，1926 年被选为江苏省学生代表，秘密到广州参加第八届全国学生代表大会。后被孙传芳通缉，转入上海东吴大学法科，发动收回教育权运动，推翻美国人的校政权。1929 年从东吴大学法科毕业，同年任国立成都大学教员，教授国际公法。1931 年任上海国立暨南大学法学系讲师及执行律师。1933 年任北平朝阳学院讲师。1934 年考取清华大学公费留美资格（但未去），1935 年转赴德国柏林大学研究国际私法。1938 年回国后先后在西南联大、云南大学、东吴大学、重庆国立复旦大学任教授，期间曾任上海东吴大学法律系主任。1946 年随北京大学回北平任教，北平解放后任北大校务委员及法律系主任。1952 年国家实施高等教育院系调整，参与筹建北京政法学院，任筹备委员会委员，后任北京政法学院副教务长、学术委员会委员。1956 年，在国家工资改革及教授评级中，获评二级教授。

费青曾开设"国际私法""法理学""民法"等课程。曾任《北平晨报》编辑，"一二·一"学生运动后，常在《时代评论》《民主周刊》等刊物上发表文章，还发表了《国际法上"情事变迁"原则之研究》（载《法学季刊》1929 年第 4 卷第 1 期）、《法律不容不知之原则》（载《法学季刊》1929 年第 4 卷第 2 期）、《大战后世界政治之推演及其前途》（载《再生杂志》1933

〔1〕　费青部分主要参考资料：赵孟婕：《费青的法律思想研究》，上海师范大学 2020 年硕士学位论文。白晟编：《费青文集》，商务印书馆 2015 年版。白晟：《不该遗忘的法科学人费青》，载《政法论坛》2014 年第 4 期。徐彬：《1956 年一级教授评定之研究》，南京师范大学 2007 年硕士学位论文。中国政法大学档案馆馆藏资料《1956 年调整工资名册》。

年第 1 卷第 9 期)、《几种法律否定论之检讨》(载《东方杂志》1944 年第 5 期)、《英国的法治制度与人身自由》(载《宪政》1944 年第 3 期)、《悼念民主法律战士伊曼纽尔·布洛克》(载《法学研究》1954 年第 1 期)、《浪淘沙》(载《人民日报》1957 年 4 月 5 日，第 8 版) 等文章。翻译了《法律哲学现状》(会文堂新记书局 1935 年版)、《关于犹太人问题》(人民出版社 1954 年版)、《黑格尔法律哲学批判导言》(人民出版社 1955 年版) 等书籍，与费孝通合译了《在龙旗下：中日战争目击记》(1932 年—1933 年刊登于《再生》杂志)。

1948 年，费青参与创办进步刊物《中建》半月刊，中华人民共和国成立后复刊更名为《新建设》并担任主编。曾任最高人民法院委员、中国政法学会理事和研究部副主任、政务院法制委员会专门委员及外事法规委员会主任委员、全国政协委员等职。

芮沐[1] 原名芮敬先，1908 年 7 月出生于上海南翔镇。1926 年，考入教会学校震旦大学文学专业，1930 年夏从震旦大学以第一名毕业。1931 年进入法国巴黎大学，1933 年取得法学硕士学位后赴德国法兰克福大学留学，1935 年完成博士论文《论实证法与自然法的关系》并获得 "最高荣誉"。1935 年归国，先后在重庆的中央大学、云南昆明的西南联大执教，1945 年赴佛罗里达州立大学做法律系访问学者，之后任教于哥伦比亚大学、纽约大学。1947 年，

图 2-3：芮沐
（1908.07.14—2011.03.20）

〔1〕 芮沐部分主要参考资料：彭东昱：《芮沐：中国百年法治强国梦的见证者和实践者》，载《中国人大》2011 年第 18 期。王玉明主编：《中国法学家辞典》，中国劳动出版社 1991 年版。吴景键：《芮沐的法学人生》，载北京大学新闻网，https://news.pku.edu.cn/mtbdnew/876b27a3f53e4e8794a0eaea40a85eb6.htm，最后访问日期：2024 年 8 月 19 日。

到北京大学法律系任教。1952 年院系调整，到北京政法学院先后任研究室副主任、经济建设问题教研室副主任、教授，1954 年北京大学恢复法律系时返回北京大学工作。

芮沐曾讲授"民法""民诉""国家私法""民法原理"等课程。主要著作有《民法法律行为理论之全部》（河北第一监狱 1948 年印刷）、《法学比较方法论及案例》（北京大学出版社 1948 年版）、《经济法和国际经济法问题》（法律出版社 1981 年版）、《国际经济条约公约集成》（人民法院出版社 1994 年版）等，英文撰写了《中国新经济立法和某些政策问题》（美国乔治亚大学拉斯克经济中心 1988 年版）、《中国涉外经济法》（美国国际法研究所 1988 年英文版）等文章。发表了《司法院对行政法令之解释》（载《明日之中国》1936 年第 1 卷第 2 期）、《非常时期的私法关系》（载《时事类编》1938 年第 15 期）、《宪政的基础及其实施》（载《政治建设》1940 年第 3 期）、《中华人民共和国成立以来我国民事立法的发展情况》（载《政法研究》1955 年第 5 期）、《关于国际经济法的几个问题》（载《国外法学》1983 年第 1 期）等论文。

芮沐曾担任全国人大常务委员会法制工作委员会委员、香港特别行政区基本法起草委员会委员、国务院经济法规研究中心常务干事、中国国际经济贸易仲裁委员会副主任委员、国务院学位委员会第一届学科评议组成员等职务。

黄觉非[1]　原名源清，曾用名得中，1894年3月出生，江西武宁县人。1913年2月至1924年7月留学日本，先后在日本东亚预备学校东京一高、熊本第五高等学校和东京帝国大学学习，1924年取得帝国大学法学学士学位后归国。先在江西省立法政专门学校任教授，兼任省立第一师范学校校务主任和教员。1926年至1930年，先后在南昌市公安局、上海淞沪卫戍司令部和律师事务所任职。1930年3月后前往北平，先后担任北平警察高等学堂、北平大学、北京大学、清华大学、国立北平师范大学、中法大学等高校讲师、教授。1937年赴西北联

图2-4：黄觉非
（1894.03.22—1968.08）

合大学（简称"西北联大"）法律系执教，兼任法律系主任，讲授刑法课程。中华人民共和国成立后，在北京大学任教授，并在法学院法律系任代主任。1952年院系调整，调北京政法学院研究组学习、工作，后到刑法教研室任教。1956年，在国家工资改革及教授评级中，获评五级教授。

黄觉非在北京政法学院工作期间，给研究生讲授刑法理论课程，给教师讲授日文课程，翻译过资产阶级刑法有关资料。著有《刑法之保安处分》（好望角书局1935年版）、《刑法上保安处分》（北平大学商学院1935年印）、《刑法概论》（北平大学法学院讲义）[2]等书籍，译有《苏联监狱制度》（好

---

〔1〕　黄觉非部分主要参考资料：邱昭继、刚晓晨：《国立西北大学法学教育的历史沿革及办学特色》，载《法学教育研究》2021年第4期。王逊著，王涵编：《王逊文集5卷》，上海书画出版社2017年版。陈夏红：《风骨——新旧时代的政法学人》，法律出版社2016年版。徐彬：《1956年一级教授评定之研究》，南京师范大学2007年硕士学位论文。《江西省人物志》编纂委员会编：《江西省人物志》，方志出版社2007年版。周天度、孙彩霞编：《救国会史料集》，中央编译出版社2006年版。中国政法大学图书馆编：《中国法律图书总目》，中国政法大学出版社1991年版。北京图书馆编：《民国时期总书目（1911—1949）法律》，书目文献出版社1990年版。中国政法大学档案馆馆藏资料《1956年调整工资名册》。

〔2〕　发表时间约在20世纪30年代，具体时间不详。

望书店 1933 年版)，合译《刑法读本》(新生命书局 1935 年版)，曾发表过《死刑问题之历史的研究》(载《法学丛刊》1936 年第 6 期)、《美国的私刑》(载《从堕落到反动的美国文化》，平明出版社 1951 年版) 等文章。

黄觉非在日本留学期间，参加反对袁世凯的斗争。1934 年至 1937 年在北平大学法商学院、西北联大任教时，参加"一二•九"学生运动，营救和保护过中国共产党地下党员和进步学生。北平解放前夕，为北平文化界救国会会员，与进步教授联合敦促傅作义军队撤出北平，拥护和平解放北平方针并设法掩护进步人士。中华人民共和国成立后曾任原政务院法制委员会任专门委员，参加了我国刑法大纲的起草工作。

图 2-5：楼邦彦
（1912.02.25—1979.09）

楼邦彦[1]　笔名硕人、炳章等，1912 年 2 月生于上海。1930 年就读沪江大学，1931 年 9 月转学考入清华大学法学院政治系，1934 年毕业，同年考入清华大学法科研究所政治学部。1936 年考取第四届中英庚子赔款公费生名额，赴英国伦敦政治经济学院留学，一年后前往法国巴黎大学进修。1939 年归国任西南联大政治学系副教授，后担任武汉大学、中央大学政治学系教授，1942 年受聘西南联大教授。1944 年 1 月起在伪中央军官学校第七分校任政治教官、外语班代主任、政治系教官，1946 年 10 月起任北京大学政治学系教授。

1952 年院系调整时在中央政法干校学习，1953 年初到北京政法学院任

---

〔1〕楼邦彦部分主要参考资料：陈新宇：《法律史上的失踪者楼邦彦》，载《法人》2016 年第 5 期。屠凯：《梦也何曾到谢桥——〈楼邦彦法政文集〉叙》，载《中国法律评论》2016 年第 4 期。毛亚楠：《楼邦彦往事》，载《方圆》2016 年第 8 期。楼邦彦：《楼邦彦法政文集》，清华大学出版社 2015 年版。

教，先后任国家理论和政策法律教研室、国家法律教研室教授，学习委员会委员。1955 年调往北京司法局任副局长，1962 年调到北京大学法律系任教。

楼邦彦长期从事政治学、宪法与行政法等领域的教学和研究工作。在北京政法学院期间曾为本科生讲授"中华人民共和国宪法""中国国家法""无产阶级国家法"等课程，是我国比较行政法和员吏制度等方面研究的先驱者之一。独著或合著《各国地方政治制度·法兰西篇》（正中书局 1942 年版）、《欧美员吏制度》（世界书局 1934 年版）、《不列颠自治领》（商务印书馆 1944 年版）、《美国的法西斯统治》（开明书店 1951 年版）、《中华人民共和国宪法基本知识》（新知识出版社 1955 年版）、《资产阶级宪法的反动本质》（湖北人民出版社 1956 年版）等书籍，发表《欧战初期的英国政府》（载《世界政治》1941 第 12—13 期）、《不列颠自治领的对外关系》（载《世界政治》1943 第 1 期）、《戴雪与英国行政法》（载《国立中央大学社会科学季刊》1943 第 1 卷第 1 期）、《宪法典的修正问题》（载《人文科学学报》1945 第 3 期）、《中华人民共和国的最高国家权力机关》（载《科学通报》1954 年第 8 期）、《人民法院在贯彻执行国家法制中的几个问题》（载《法学研究》1956 年第 6 期）等学术论文。

楼邦彦参与了"五四宪法"起草委员会法律组工作，曾任第二届全国政协委员，中国人民外交学会理事、中国政治法律学会常务理事等职务。

图 2-6：吴恩裕
（1909.12.10—1979.12.12）

吴恩裕[1] 号负生，1909 年 12 月出生，辽宁省西丰县人。1928 年至 1935 年先后就读于东北大学俄文系、哲学系和清华大学哲学系，1936 年毕业于清华大学文学院哲学系；1936 年至 1939 年在英国伦敦大学政治经济学院研究院学习，获政治学博士学位。1933 年至 1935 年在北京主编《行健月刊》，博士毕业回国后曾在重庆的中央大学、北平师范大学、清华大学、北京大学等校任教授，教授"政治学""西洋政治思想史""政治学与政府"等课程。1952 年院系调整时，到北京政法学院研究组学习、工作，后在国家法律教研室任教授，参加了"五四宪法"起草的咨询讨论工作。1956 年被增补为北京政法学院学术委员会委员；1978 年调任中国社会科学院任研究员。1956 年，在国家工资改革及教授评级中，获评四级教授。

吴恩裕在北京政法学院期间曾经讲授"中国国家与法权史"课程，1955 年至 1956 年开展了"殷代奴隶占有制国家""春秋战国中国国家与法权所起之变化""中国国家起源的问题"等科学研究。出版的哲学、政治学、法学方面的主要著述有《马克思的政治思想》（商务印书馆 1945 年版）、《西洋政治思想史（1）》（中国文化服务社 1947 年版）、《唯物史观精义》（观察社 1948 年版）、《〈国家与革命〉注释》（中国青年出版社 1953 年版）、《第一国际与巴

---

〔1〕 吴恩裕部分主要参考资料：徐彬：《1956 年一级教授评定之研究》，南京师范大学 2007 年硕士学位论文。王玉明主编：《中国法学家辞典》，中国劳动出版社 1991 年版。茅盾：《追念吴恩裕同志》，载《红楼梦学刊》1980 年第 3 辑。中华人民共和国高等教育部编：《1956 年全国高等学校科学研究题目汇编》，高等教育部 1956 年版。中国政法大学档案馆馆藏资料《一九五五年已完成的科学研究题目》（1956 年 7 月）、《1956 年调整工资名册》、《全院教职员名单》（1954 年 9 月）、《教职工名单》（1953 年 9 月）、《政法学院工作人员编制表》（1952 年 11 月）、《吴恩裕解放前后所发表的文章和书的目录》。

黎公社》（四联出版社 1955 年版）、《中国国家起源的问题》（上海人民出版社 1956 年版）、《西方政治思想史论集》（天津人民出版社 1981 年版）等，中华人民共和国成立初期翻译或注释了《共产主义原理》（载《新建设》1951 年第 4 卷第 4、5 期）、《国家与革命》（中国青年出版社 1953 年版）等马恩列斯著作。撰写或出版了《曹雪芹的故事》（中华书局 1962 年版）、《曹雪芹丛考》（上海古籍出版社 1980 年版）、《曹雪芹佚著浅探》（天津人民出版社 1979 年版）等著作和文章，其发现的《废艺斋集稿》等曹雪芹的佚著和遗物，为当时研究曹雪芹和《红楼梦》提供了新的材料。

吴恩裕曾任北平《晨报》文学、哲学副刊《思辨》主编、《文哲月刊》主编，中国政治法律学会会员，文化部《红楼梦》校订注释小组顾问，《红楼梦学刊》编委，中国作家协会会员。

吴之椿[1]　1894 年 5 月生于湖北省江陵（今沙市）。1912 年于武昌文华大学（现华中师范大学前身之一）修业三年，1917 年赴美国依利诺依大学学习，1920 年获文学学士学位；随后入哈佛大学研究院，次年获硕士学位，后在伦敦政治经济学院和法国巴黎大学深造。1922 年夏归国后，历任河南中州大学、国立武昌大学、中山大学教授。1926 年，北伐军进逼武汉，随军北伐；南京国民政府迁都武汉，随任外交部秘书兼政务处长；次年 1 月，协助部长陈友仁与英方谈判，并参加"英租界临时管理委员会"工作，具体主持租界内一切事务，后协助

图 2-7：吴之椿
（1894.05.20—1971.08.11）

---

〔1〕 吴之椿部分主要参考资料:《清华缘——吴采采口述: 我的父母吴之椿与欧阳采薇》，载谢喆平访问整理:《浮云远志——口述老清华的政法学人》，商务印书馆 2014 年版。涂上飙主编:《乐山时期的武汉大学（1938—1946）》，长江文艺出版社 2009 年版。中国政法大学档案馆藏资料《干部履历表》。

陈友仁收回汉口英租界。大革命结束后，赴莫斯科、柏林学习。1928 年回国后在清华大学任教授、教务长，1932 年到山东大学任教授。1933 年赴南京教育部，主持英语教学事务。1937 年，调任武汉大学教授。1940 年任西南联大教授，北京大学复办后任北京大学教授。1945 年与张奚若等十教授联名上书蒋介石、毛泽东，就国共商谈、民主建设事宜发表意见，1947 参与发表《十三教授保障人权宣言》抗议国民党政府非法逮捕进步人士等。1952 年调整院系后，调至北京政法学院研究组学习、工作，后调至国家法教研室，1958 年 11 月退休，1961 年 11 月被聘任为中央文史研究馆馆员。

吴之椿曾开设"社会学""政治学英文选读""现代政治思想""英国宪法史""西洋近代政治思想史"等课程。著有《俄国中央劳农政府之组织（附表）》（载《政学丛刊》1920 年第 1 卷第 4 期）、《中国宪政的演变》（载《中央周报》1928 年第 1 期）、《中国当前的外交》（载《今日评论》1941 年第 5 卷第 10 期）、《青年的修养》（中国文化服务社 1942 年版）、《自由与组织》（国民图书出版社 1942 年版）、《民治与法治》（载《自由论坛（昆明）》1943 年第 1 卷第 5—6 期）等著作和文章；译有《德国实业发达史》（商务印书馆 1917 年版）、《近代工业社会的病理》（商务印书馆 1928 年版）、《印度简史》（北京人民出版社 1957 年版）、《论出版自由》（商务印书馆 1958 年版）等。

2. 副教授

汪瑄[1]　字兼山、石桴、石孚、绍周，1914 年 6 月生于江西省乐平县（今乐平市）。1928 年到日本，后考入东京第一高等学校（帝国大学预科）。1932 年春，因痛心于日本侵略，毅然返回祖国，同年考入北京大学法律系；1936 年毕业，获法学学士学位并留校担任助教。1938 年 3 月起，先后在长沙文化界抗敌

---

〔1〕 汪瑄部分主要参考文献：汪静姗编译：《汪瑄论文选集续编》，中国政法大学出版社 2012 年版。吴芳亭：《悼念汪瑄教授》，载政协临朐县委员会编纂：《文史资料选辑 第 12 辑》（1994 年）。邓林芳：《记著名法学家我国国际经济法奠基者汪瑄》，载中国人民政治协商会议乐平市委员会文史资料研究委员会编：《乐平文史资料 第八辑》（1993 年）。王玉明主编：《中国法学家辞典》，中国劳动出版社 1991 年版。中国政法大学档案馆藏资料《教职工履历表》（1957 年）。

救援会、成都伪航空委员会军法科、重庆军统局工作。1943 年赴美留学，在康奈尔大学攻读博士学位，主修国际法及国际关系，辅修西方政治思想史和美国史。1947 年毕业，获哲学博士学位；同年 10 月离美返国，在北京大学法律系任副教授。1952 年院系调整时，随同北京大学法律系转至新成立的北京政法学院，曾在图书馆工作，后转民法教研室。北京政法学院复办后在国际法教研室任教，1981 年春晋升为教授。1983 年任中国政法大学学位评定委员会委员。1986 年起，担任中国政法大学国际法专业博士研究生指导教师。

汪瑄主要研究国际法，但对其他法律学科也多有涉猎。除讲授国际法外，还讲授宪法、民法、现代西方法学。1979 年后，为适应国家经济发展的需要，又致力于国际经济法的研究，为我国国际经济法学最早倡导人之一，也是我国最为熟悉关税及贸易总协定的学者之一。

汪瑄曾发表《近世民法理论之发展：从经济基础上对于法律思想之一观察》（载《法律评论（北京）》1936 年第 14 卷第 3 期）、《杜鲁门主义与美国对日政策》（载《新路（周刊）》1948 年第 1 卷第 5 期）、《从门户开放到不承认主义——对美国远东政策的分析》（载《国立

图 2-8：汪瑄

（1914.06.23—1993.02.04）

北京大学五十周年纪念论文集》，北京大学出版社 1948 年版）、《国家主权原则是国际法的根本原则——批判否定或削弱国家主权的谬论》（载《政法论坛》1980 年第 1 期）、《从旧的国际经济秩序到新的国际经济秩序》（载《北京政法学院学报》1981 年第 4 期）、《国家对自然资源的永久主权》（载《中国国际法年刊》1982 年第 1 期）、《评西方学者有关国际经济法的几种学说》（载《北京政法学院学报》1985 年第 2 期）、《国际贸易中的补贴问题》（载《中国国际法年刊》1989 年第 1 期）、《反倾销法与我国对外贸易》（载《政

法论坛》1989 年第 3 期）等学术论文。撰写了《中日战争与美国远东政策（1931—1941 年）》（康奈尔大学 1947 年博士学位论文，原文为英文）。参与编写多部有关国际法的高校教材，其中，《国际公法提纲》（北京大学法律系 1950 年—1951 年讲义）为中华人民共和国成立后在教学改革和参考苏联教科书的基础上编出的国内第一本讲义；1981 年出版的高等学校法学教材《国际法》（撰写"国家领主"一章，并作为"五人定稿小组"成员负责修改和改写"国际经济法"一章，后者是国内关于国际经济法的第一篇著作）获得国家教委 1988 年颁发的全国高等学校优秀教材特等奖。参与撰写《中国大百科全书（法学）》（中国大百科全书出版社 1984 年版）国际法方面的重要条目；参编《涉外经济法词典》（中国民主法制出版社 1991 年版）等。翻译了《代议制政府》（商务印书馆 1982 年版），合译《奥本海国际法》（新华书店 1954 年版）、《帝国主义时代》（商务印书馆 1975 年版）、《向社会主义过渡》（商务印书馆 1975 年版）、《现代国际法概论》（中国社会科学院出版社 1981 年版）等著作。

汪瑄曾任中国国际法学会理事、中国国际经济法研究会顾问、中国法律咨询中心法律咨询顾问等职务。

阴法鲁[2] 字绍曾，1915 年 7 月出生于山东省肥城市。1935 年入北京大学中文系学习，1937 年抗战爆发后随北大南迁，在北大、清华、南开三校成立的长沙临时大学就读，1938 年随长沙临时大学迁往西南联大。1939 年自西南联大毕业，同年，考入北京大学文科研究所，师从罗庸、杨振声，研究方向为"词之起源及其演变"；1942 年初毕业，留校任北京大学文科研究所助教。1942 年 9 月至 1946 年 4 月，受聘华中大学（教会学校，原在武昌，抗战时迁到大理）中文系副教授，讲授国文和中国文学史等课程。1944 年兼任华中

图 2-9：阴法鲁[1]
（1915.07.25—2002.03.04）

大学"哈佛燕京学社"文学研究员。1946 年随北京大学迁回北平，当年 8 月至 1949 年 8 月任北京大学中文系讲师；1949 年 9 月至 1951 年 8 月任北京大学博物馆学专修科讲师兼北京大学博物馆秘书；后专修科并入史学系，1951 年 9 月至 1952 年 8 月任北京大学史学系副教授。

1952 年 9 月，院系调整之时，阴法鲁调北京政法学院，先后在文化教育组、教务处文体组任副教授。1954 年 8 月，调往中国科学院历史研究所（现中国社会科学院历史所）第二所任副研究员，研究隋唐史，侧重文化史；1956 年兼任该所学术秘书。1959 年北京大学中文系古典文献专业成立，1960 年 9 月调任北京大学中文系副教授，任古典文献专业教研室副主任，开设"史记""诗经"等课程；20 世纪 70 年代参加了中华书局本廿四史的整理工作，具体负责《隋书》的点校定稿。1978 年任教授。1986 年 7 月 1 日离休。

---

〔1〕 照片由北京大学中文系图书馆提供。

〔2〕 阴法鲁部分主要参考资料：北京大学中国语言文学系《关于阴法鲁老师相关档案资料的复函》（2023 年 11 月）。吕鹏：《20 世纪上半叶中国音乐史学研究》，九州出版社 2020 年版。刘玉才：《阴法鲁先生的音乐文学研究》，载《古典文学知识》2018 年第 5 期。阴法鲁：《阴法鲁学术论文集》，中华书局 2008 年版。

阴法鲁主要研究方向为古典文献学和中国文化史，侧重古代音乐舞蹈研究，长于古代音乐与文学交叉领域的研究。曾发表《先汉乐律初探》（载《华中大学国学研究论文专刊第一辑》，1944 年油印版刊行）、《唐宋大曲之来源及其组织》（1945 年被收录于《华中大学国学研究论文专刊》，1948 年以单行本方式被北京大学出版社列为《国立北京大学五十周年纪念论文集》之十）、《关于〈马克思学说研究会〉的几项史料——北京大学最早研究马克思学说的组织》（载《历史教学》1951 年第 3 期）、《从敦煌壁画论唐代的音乐和舞蹈》（载《文物》1951 年第 4 期）、《我们有优越的音乐传统》（载《新华半月刊》1956 年第 18 期）、《贾谊思想初探》（与陈铁民合著，载《北京大学学报（哲学社会科学版）》1962 年第 5 期）、《汉乐府与清商乐》（载《文史哲》1962 年第 2 期）、《关于词的起源问题》（载《北京大学学报（哲学社会科学版）》1964 年第 5 期）、《中国古代诗歌中的唱和形式》（载《词刊》1980 年第 1—3 期）、《敦煌乐舞资料的历史背景》（载《中国史研究》1980 年第 3 期）、《关于古籍中有些混乱字体和避讳字的清理问题》（载《文献》1981 年第 4 期）、《古代文献知识漫谈》（载《文献》1981 年第 8 期）、《古文献中不同语言的译语校注问题》（载《北京大学学报（哲学社会科学版）》1986 年第 5 期）、《中国古代音乐史料杂记三则》（载《音乐研究》1988 年第 1 期）、《丝路管弦话古今——读〈丝绸之路上的音乐文化〉》（载《音乐研究》1990 年第 3 期）、《读吕骥同志新著〈乐记〉理论探新〉札记》（载《音乐研究》1995 年第 1 期）等学术论文。合著《宋姜白石歌曲研究社》（音乐出版社 1957 年版）、《先秦汉魏六朝诗鉴赏辞典》（三秦出版社 1990 年版）、《古代礼制风俗漫谈》（台北国文天地杂志社 1990 年版）等；主编或合编《古文观止译注》（集体译注，吉林人民出版社 1981 年版，获新闻出版署 1992 年古籍整理图书三等奖）、《中国古代文化史》（合著，北京大学出版社 1989 年版）；校订或审定了《乐记》（吉联抗译注，音乐出版社 1958 年版）、《昭明文选译注》（陈宏天等主编，吉林文史出版社 1988 年版）等；结集出版了《阴法鲁学术论文集》（中华书局 2008 年版）。

阴法鲁 1954 年任九三学社北京市分社宣传部副部长，1987 年至 1993 年任九三学社北大支社和九三北大委员会主任委员，1983 年至 1993 年当选北京市第八、九届人大代表。曾任国家古籍整理出版规划小组顾问等职。

王利器[1]　字藏用，笔名廖德明，1911 年 1 月出生于四川省江津县（现隶属重庆市）。幼年时入家办庭训学校，读四书五经古诗文。1929 年至 1931 年在江津中学读书；1932 年至 1934 年在重庆大学高中部学习，后并入川东师范大学并在此毕业。之后，在达材学校教书半年。1936 年夏考入四川大学中文系，1940 年 8 月获得文学学士学位，约 30 万字的毕业论文《风俗通义校注》被学校推荐参加重庆政府第一届大学生毕业会考，以满分获得"荣誉学生"奖励。1941 年被北京大学文科研究所免试录取，寄读于四川南溪李庄中央研究院历史语言研究所，师从汤用彤、傅斯年读研究生，学习古籍校读，1943 年 12 月毕业，毕业论文《吕氏春秋比义》共计 24 册、二百余

图 2-10：王利器[2]
（1911.01.10—1998.07.02）[3]

〔1〕　王利器部分主要参考资料：王利器：《王利器自述》，载高增德、丁东编：《世纪学人自述（第四卷）》，北京十月文艺出版社 2000 年版。夏清：《"大杂家"王利器先生小传》，载《古典文学知识》1991 年第 4 期。楚天缨：《"我的生活就是读书"——隆冬访王利器先生》，载《红楼梦学刊》1989 年第 2 期。王利器主编：《史记注译》，三秦出版社 1988 年版。

〔2〕　照片摘自侯艺兵：《世纪学人百年影像》，山东画报出版社 2001 年版。

〔3〕　王利器的出生日期在其相关档案中出现三种记载，分别是 1910 年 12 月 10 日、1911 年 1 月 10 日和民（前）国 1 年 12 月 10 日。根据日历记载和民国纪年方法，以及《王利器自述》（载高增德、丁东编：《世纪学人自述（第四卷）》，北京十月文艺出版社 2000 年版）中"我生于辛亥革命那一年的农历腊月初十"，及《王利器学述》（王利器著，王贞琼、王贞一整理，浙江人民出版社 1999 年版）中"我是辛亥年生人，但阳历已是 1912 年，因为我的生日是在腊月"，判断其出生日期应为公元 1911 年 1 月 10 日（农历腊月初十），王利器的出生日期有待进一步查实，暂以档案为准。

万字。1944 年 8 月到四川大学任中国文学系讲师，1945 年 8 月起兼任文科研究导师和成华大学中国文学系副教授。北京大学复员后，1946 年 8 月到北京大学文学院中文系任讲师，1951 年获评副教授。1950 年至 1954 年，兼应文化部艺术局之邀，参加《杜甫集》《水浒全传》整理工作，担任全书校勘。1952 年随院系调整由北京大学图书馆专修科调至北京政法学院任副教授，先后在文化教育组、教务处文体组任副教授，讲授国文课程。1954 年调往文学古籍刊行社。1977 年离休。

王利器曾讲授"校勘学""目录学概论""目录学文选""国文""中国书史"等课程，发表了《讀後漢書》（载《读书通讯》1943 年第 75 期）、《庄子三十三篇本成立之时代》（载《真理杂志》1944 年第 3 期）、《方國瑜著慎懋賞本慎子疏證補證》（载《读书通讯》1944 年第 83 期）、《吕不韦释名》（载《文史杂志》1945 年第 3、4 期）、《漢書材料來源考》（载《龙门杂志》1947 年第 1 卷第 1、2 期）、《敦煌舊抄卷子本說苑反質篇殘卷校記識語》（载《龙门杂志》1947 年第 1 卷第 5 期）、《"水浒"中所采用的话本资料》（载《文学遗产》1954 年第 10 期）、《「水浒」英雄的绰号》（载《新建设》1954 年第 4、5 期）、《高鹗、程伟元与〈红楼梦〉后四十回》（载《扬州师院学报》1978 年第 1 期）、《〈庄子〉郭象序的真伪问题》（载《哲学研究》1978 年第 9 期）、《跋敦煌残卷两篇》（载《文献》1980 年第 1 期）、《杜集校文释例》（载《西北大学学报（哲学社会科学版）》1980 年第 2、3 期）、《敦煌唐写本〈二十五等人图〉跋》（载《人文杂志》1980 年第 5 期）、《记杜甫有后于江津》（载《草堂》1981 年第 2 期）、《清廷筵宴乐舞》（载《故宫博物院院刊》1981 年第 3 期）、《史记正义佚文辑校序》（载《文献》1982 年第 2 期）、《曾糙〈百家诗选〉钩沉》（载《文学遗产》1982 年第 A14 期）、《〈宣和遗事〉解题》（载《文学评论》1991 年第 2 期）等论文；独著或主编了《经典释文考》（载《国立北京大学五十周年纪念论文集》，北京大学出版社 1948 年版）、《文心雕龙新书》（巴黎大学北京汉学研究所 1951 年版，后被收入中法汉学研究所《通检丛刊》）、《历代笑话集》（上海文学出版社 1956 年版）、《盐铁论校注 10 卷》（上海古典文学出版社 1958 年版)、《文心雕龙校证》(上海古籍出版社 1980 年版)、《颜氏家训集解》(上海古籍出版社 1980 年版)、《风俗通义校注》(应劭撰、王利器校注，中华书局 1981 年版)、《越缦堂读书简编记》(天津人民出版社 1981 年版)、《盐铁论校注 增订本》(天津古籍出版社 1983 年版)、《耐雪堂集》(中国社会科学出版社 1986 年版)、《新语校注》(中华书局 1986 年版)、《文镜秘府论校注》(人民文学出版社 1986 年版)、《史记注译 (全四册)》(三秦出版社 1988 年版)、《风俗通译校注》(中华书局 1988 年版)、《王利器论学杂著》(北京师范学院出版社 1990 年版) 等书籍。

王利器曾任中国作家协会会员，中国中日关系史研究会顾问，北京大学历史系兼职教授、四川师范大学古文研究所兼职教授，西南民族学院中文系兼职教授，《红楼梦学刊》编委等职。

（二）原清华大学政治学系教授

于振鹏[2] 曾用名念平，笔名理图，1910 年 9 月生，北京大兴人（籍贯山东文登）。1924 年至 1929 年，在北京法文专门学校学习。1929 年 8 月到清华大学任教。1931

图 2-11：于振鹏

（1910.09.02—1961.10.14）[1]

---

〔1〕 于振鹏教授在 1957 年《干部履历表》中填写的出生日期为 1910 年 9 月 2 日；在法国里昂中法大学填写的注册表中出生日期为 1909 年 9 月 29 日（里昂中法大学的档案现存于里昂市立图书馆）。

〔2〕 于振鹏部分主要参考资料：朱明哲：《西法东渐中的知识自主：以里昂中法大学法学博士培养为例》，载《上海交通大学学报（哲学社会科学版）》2021 年第 5 期。李秉谦编著：《一百年的人文背影：中国私立大学史鉴 第四卷 浴火重生（1937—1945）》，陕西师范大学出版总社 2016 年版。闻黎明、侯菊坤编著：《闻一多年谱长编》，上海交通大学出版社 2014 年版。云南大学、云南省档案馆编：《云南大学史料丛书 教职员卷（1922 年—1949 年）》，云南民族出版社 2008 年版。徐彬：《1956年一级教授评定之研究》，南京师范大学 2007 年硕士学位论文。中国政法大学档案馆馆藏资料《教职工履历表》（1957 年）、《1956 年调整工资名册》。

立德树人∷法治之路上的法大前辈

年在中法大学文学院法国文学专业毕业后，赴法国里昂中法大学（早期称"北京中法大学海外部"，由法国里昂大学筹办）留学。1936年获得法国国家法学硕士学位；后赴巴黎大学法学院研究班，师从爱斯嘉拉，1939年8月回里昂答辩，1940年以博士论文《中国习惯法中的抵押权》获得法国国家法学博士学位，1941年归国。在法期间，曾在日内瓦国联秘书处任职；代表里昂中国学生出席1936年世界和平大会；曾作抗日宣传讲演，编辑《祖国抗战情报》。1941年10月，在昆明复办的中法大学文学院担任副教授，讲授法文、经济学课程。1942年7月至1947年8月，在云南大学法律系担任教授，1945年后任系主任，兼任校务会议委员、图书委员会委员、训育委员会委员、校产清理委员会委员等职。1942年8月至1950年7月，兼任昆明和北平中法大学教授，1943年任代理训导长。在云南期间，曾兼任昆明广播电台法语广播员，1945年7月1日与闻一多等共146名文化界人士共同发表《昆明文化界致国民参政会电》，呼吁扩大人民民主运动，建立正式民意机关。1947年9月起，任清华大学法律系、政治学系教授（两系合聘），教授民法债、物权等课程，期间于1950年在华北人民革命大学政治研究院参加了8个月的学习。

1952年全国院系调整时，于振鹏参与筹办北京政法学院，担任北京政法学院筹备委员会委员，后随清华大学政治学系一同转入北京政法学院，先后任图书馆主任、图书馆馆长。1956年，被增补为北京政法学院学术委员会委员，同年兼职在"中共八大"翻译处从事法文翻译工作。曾任东城区、海淀区人民代表。1956年，在国家工资改革及教授评级中，获评三级教授。

于振鹏主要学术成果包括《苏俄土地及农业制度改革之经过》（载《中法大学月刊》，1937年第11卷第1期）、《中国习惯中的抵押权》（法国Bosc and Riou出版社1940年版）、《中国儿童保护事业》（法文，载《儿童保护》，日内瓦国联出版社1939年版，曾译成英、德、意三国文字）。

曾炳钧[1]　字仲刚，曾用笔名孙振纲，1904 年 6 月生于四川泸县。1925 年入清华学校，1929 年毕业于清华学校大学部政治学系，为该系首届毕业生。毕业后，到中央研究院社会调查所（社会科学研究所）工作，任助理研究员、副研究员，1930 年—1934 年在该所与陶孟和共同担任《社会科学杂志（北平）》主编，编辑有 1—5 卷（每卷 4 册）；1933 年起任《国闻周报》"经济时事评论"专栏主编。1934 年考取清华大学第二届留美公费生，专业方向为地方行政门，留美前在国内学习进修的

图 2-12：曾炳钧
（1904.06.14—1994.05.09）

一年时间里，受天津《益世报》社论主笔钱端升委托，任特约撰稿人。1935 年赴美学习研究经济及政治学，1936 年以论文《英美预算制度》获得伊利诺伊州立大学经济学硕士学位，1941 年 2 月以《中日冲突在英国议会中的反映》论文结业并获得哥伦比亚大学博士学位。在美期间，参加了清华大学留美同学组织的"沐社"和中国留美学生组织的"建社"，1936 年国内发生"七君子事件"后，与留美学生及旅美华人发起签署《旅美华侨告海外同胞书》，要求国民政府立即释放沈钧儒等 7 位被捕人员，立刻对日抗战，切实

---

〔1〕曾炳钧部分主要参考资料：曾尔恕主编：《曾炳钧文集》，中国政法大学出版社 2022 年版。王安琪整理：《八旬入党 一生报国：北京政法学院建校初期老教授曾炳钧》，载《中国政法大学校报》2021 年第 663 期。曾尔恕：《父亲曾炳钧与清华的悠远学缘》，载《清华校友通讯》2021 年复 85 期。徐彬：《1956 年一级教授评定之研究》，南京师范大学 2007 年硕士学位论文。王玉明主编：《中国法学家辞典》，中国劳动出版社 1991 年版。周恩惠：《路漫漫兮 驱驰不辍——访著名法学教育家曾炳钧教授》，载《法学杂志》1985 年第 5 期。中国政法大学档案馆馆藏资料《通知》（关于教研室及各处负责人任命情况，院发字第一号，1957 年 4 月 12 日）、《1956 年调整工资名册》。中华人民共和国高等教育部编：《1956 年全国高等学校科学研究题目汇编》，高等教育部 1956 年版。李克非：《我校建校之初的师生员工》，载中国政法大学档案馆网站，dag.cupl.edu.cn/info/1012/1158.htm，最后访问日期：2024 年 7 月 28 日。

立德树人：法治之路上的法大前辈

保障人民救国运动。毕业后放弃在美供职机会，接受中国共产党地下组织委托，作为中方唯一代表，签下生死状，押运挪威货船 S.S.Gunny 号，历时三个多月，于 1941 年 8 月初将一船新型战斗机带回中国。回国后任云南大学政治经济系教授，讲授各国政治制度及财政学课程。1942 年到重庆国民政府经济部任参事。1943 年 9 月起在武汉大学执教，任教授兼政治系主任；1948 年 8 月重返清华大学出任政治学系教授，后任系主任、《清华学报》编辑、清华大学校工会政治学系代表及北京大学兼职教授等职。

曾炳钧 1952 年随国家院系调整调入北京政法学院任教授，最初在研究组学习、工作，1954 年被分配至国家法律教研室准备财政法讲义。1955 年以财政法教员身份任北京政法学院学术委员会委员，同年调往国务院法制局协助整理财经法规。1956 年调回北京政法学院国家与法的历史教研室，1957 年任国家与法的历史教研室主任、《政法教学》编委会委员，后兼任北京政法学院学术委员会委员。1956 年，在国家工资改革及教授评级中，获评三级教授。北京政法学院撤销期间，在北京教育局等候分配，1973 年 8 月起在北京师范学院历史系任教。北京政法学院复办后返校，在国家与法的历史教研室任教。1986 年离休。

曾炳钧在北京政法学院期间，曾为本科生讲授"中国与苏联财政法"等课程；参加了"中国国家与法"全部讲义的集体讨论，主要承担了从殷周至秦汉时期法制史课程的讲授。1956 年开展了"通过'和平道路'对资本主义工商业的社会主义改造"科学研究。1963 年与薛梅卿合著《中国国家与法的历史讲义》第一册《奴隶、封建社会部分（校内）》并审阅第二册，成为北京政法学院出版的第一部中国法制史教材，也是新中国国内最早出版的中国法制史教材之一，1978 年北京政法学院复办最初使用的中国法制史教材也是基于这部教材改编而成；1981 年与法制史教研室老师合力编纂《历代冤案平反录》（知识出版社 1981 年版）。其他论著主要有《印度问题之鸟瞰》（载《国闻周报》1928 年第 5 卷第 9 期）、《欧战前国际保工运动概观》（载《国立武汉大学社会科学季刊》1930 年第 2 期）、《国际劳工组织》（社会调查所 1932 年版）、《危机日破之中国经济现状》（载《国闻周报》1934

年第 11 卷第 6 期)、《论卷烟改税》(载《益世报》天津版 1934 年 6 月 14 日第 1 张)、《人治与法治》(载《新经济》半月刊，1942 年第 2 期)、《学术与政治》(载《新经济》半月刊，1942 年第 9 期)、《评〈经济计划与国际秩序〉》(载《经济建设季刊》1943 年第 1 期)、《中国的国家机构的民主性质》(北京政法学院第一次科学讨论会论文集，1956 年)、《关于法的继承性》(载《法学研究》1957 年第 3 期)、《从抑制豪强看海瑞的执法》(载《文汇报》1966 年第 25 期)、《中国封建刑律中的八议》(载《法学研究》1981 年第 2 期) 等。译有《英国当前之歧途》(《外交评论》1937 年第 8 卷第 1 期)、《捷克之日耳曼少数民族》(载《外交评论》1937 年第 8 卷第 5 期)，1963 年至 1964 年翻译了《当代世界政治理论》(商务印书馆 1983 年版)。

北京政法学院 1979 年恢复招收本科和研究生，曾炳钧担任中国法制史导师组组长并直接指导了第一届中国法制史硕士研究生。曾兼任中国政治学会筹备委员、副会长、顾问，中国法律学会第一、二届理事，中国法律史学会理事和顾问。

情怀法大

图 2-13：赵德洁
（1907.03.30—1962.01.07）

赵德洁[1]　曾用名志廉，1907 年 3 月出生，北京人。1925 年 8 月至 1930 年 7 月在清华大学法学院政治系学习，毕业后在清华大学政治学系任助教，从事教学及系行政事务。1936 年 10 月至 1938 年 7 月，在伦敦大学研究院研究政治制度。1938 年 8 月至 1940 年 7 月，在伦敦中国驻英大使馆任秘书。1940 年 8 月至 1942 年 9 月在伦敦中国银行经理处任行员。1942 年 10 月至 1946 年 7 月，在伦敦大学任高级讲师，主讲政治制度。

1946 年 8 月至 1948 年 1 月，赵德洁任沈阳东北大学教授兼主任，主讲政治学和各国政治制度，同时在沈阳中正大学任教授兼主任，主讲政治学和各国政治制度。1948 年 2 月至 1949 年 7 月，在天津南开大学任教授兼研究员，主讲英国政府等课程。1948 年 8 月至 1949 年 8 月，在北平师范大学任教授，主讲课程政治学。1949 年 8 至 1952 年 9 月，在清华大学任教授，主讲行政组织及管理，社会主义国家和马列主义名著选读。

赵德洁 1952 年调入北京政法学院任教授，先后在研究组及国家法律教研室工作，1954 年到图书馆，约 1955 年任图书馆副主任，1957 年任《政法院讯》校刊编委会委员，1959 年任北京政法学院校务委员会副主任。1956 年，在国家工资改革及教授评级中，获评四级教授。

赵德洁主要论著有《英国国际贸易日趋好转》（载《大公报 经济周刊》1948 年第 37 期）等。在英国期间，曾在商务印书馆的支持下，与其他 19

---

〔1〕 赵德洁部分主要参考资料：阚阅：《王承绪先生与比较法教育的世纪情缘》，载郑文、吴世勇、陈伟编：《王承绪研究文集》，广东高等教育出版社 2018 年版。鲍志芳编：《大公报·经济周刊》南开学者经济学文选》，南开大学出版社 2017 年版。徐彬：《1956 年一级教授评定之研究》，南京师范大学 2007 年硕士学位论文。中国政法大学档案馆馆藏资料《1956 年调整工资名册》。

名留学生创办《东方副刊》，任编辑委员会成员，介绍欧美科技文化最新成就及中国教育状况，宣传中国人民抗日战争业绩。为中国政法学会发起人。

邵循恪

（1910—1974）[1]

邵循恪[2] 字恭甫，1910 年出生，福建闽侯人。1926 年就读北平清华学校，主攻国际法和国际关系，为清华大学政治学系始建后的首批学生。1930 年毕业后考入清华大学研究院法科研究所政治学部，1933 年成为此院首批毕业生，并因成绩优异公派留美，继续研究国际关系及国际法，1937 年获得芝加哥大学博士学位。1939 年归国，1940 年受聘于西南联大，任法商学院政治系教授，开设中国外交史、中国近代外交史等课程，给研究生开设国际公法判例、国际及殖民行政等专题课，曾任昆明宪政讨论会研究委员会委员，并在《当代评论》周刊撰文讨论时政，多次参与西南联大、昆明广播电台、中国国际同志会等多个组织举办的国际关系问题讲座，发表《第二

〔1〕 因查找到关于邵循恪教授的档案材料极少，相关书籍、文章的记载不一，暂根据邵循恪侄女邵瑜的回忆文章推测邵循恪教授的生卒年，待有准确材料进一步核实。邵循恪，家中行二，其兄为史学家邵循正（1909.11.20—1973.4.27）。据《邵循正先生百年诞辰纪念文集 部分学生好友亲人的怀念与回忆》（戴学稷、徐如编，2009 年）中邵循正女儿邵瑜的回忆文章《听父亲讲故事——女儿眼中的父亲》记载"二叔只比父亲小一岁""二叔已于父亲去世一年后去世了"，推测邵循恪出生年份约为 1910 年，去世时间约为 1974 年。另有《邵循正先生百年诞辰纪念文集（续编）》（戴学稷、徐如编，2010 年）记载，邵循恪（1910—1976）；《不复过往：中国法学纪事》（姜朋著，中国民主法制出版社 2021 年版）记载，邵循恪（1911—1975）。另，邵循恪、张锡彤、刘昂 3 位老师的照片因年代久远，实未能找到，请读者谅解。

〔2〕 邵循恪部分主要参考资料：宁波：《〈新民族〉周刊研究》，江西高校出版社 2018 年版。陈新宇：《从邵循恪到端木正——清华法政研究生教育的薪火传承》，载陈新宇：《寻找法律史上的失踪者》，广西师范大学出版社 2015 年版。张振鹍：《我们的组长邵先生——邵先生在近代史所》，载戴学稷、徐如编：《邵循正先生百年诞辰纪念文集（续编）》，2010 年（非出版物）。涂上飙主编：《乐山时期的武汉大学（1938—1946）》，长江文艺出版社 2009 年版。中国社会科学院：《中国社会科学院近代史研究所（1950—1990）》，中国社会科学院 1990 年版。

次世界大战与国际法》《国际和平组织的过去与未来》等演讲。抗战结束后，任清华大学法学院政治学系兼法律学系教授，也曾在武汉大学开设中国外交史、国际政治、国际法成案研究、近代欧洲外交史、欧洲外交史等课程。

1952 年院系调整，邵循恪至北京政法学院研究组学习、工作，1954 年调往中国社会科学院近代史研究所，后因身体原因提前退休。

邵循恪著述主要有《百年来建军与客卿》（载《正义报》1933 年 12 月 11 日版)、《国际法上的情势变迁主义 The Clausula Rebussic Stantibus》（英文，1934 年)、《国联九月三十议决案》（载《新民族》周刊 1938 年第 2 卷 17 期)、《最近欧洲疆界问题》（载《今日评论》1939 年第 1 卷第 17 期)、《苏联的远东政策》（载《今日评论》1940 年第 8—10 期)、《德意日协定与我们对策》（载《今日评论》1940 年第 4 卷第 14 期)、《罗斯福的远东政策》（载《今日评论》1941 年第 5 卷第 12 期)、《华人在美资产征用问题》（载《周论》1948 年第 2 卷第 8 期) 等；合著《美国修改中立法问题》（独立出版社 1939 年版) 等书籍。

（三）原燕京大学政治系教授

严景耀[1]　笔名星门、匹夫、一夫、竞日、
耀群，1905 年 7 月出生，浙江余姚人。1924
年考入北平燕京大学社会学系，主修犯罪学，
1928 年毕业后考取研究生，同时担任社会系助
教，率领学生对国内 20 个城市的犯人进行调
查，收集 300 余种个案资料。1929 年，获得燕
京大学社会学硕士学位，留校任教，在社会学
系讲授犯罪学。1930 年，任中央研究院社会研
究所研究助理，8 月代表中国赴捷克参加第十
次国际监狱会议，会后游历苏联、法国和英国，
并赴美国纽约社会服务学院进修。1931 年赴美

图 2-14：严景耀
（1905.07.24—1976.01.12）

留学，先后求学于纽约社会服务学院、芝加哥大学，1934 年获芝加哥大学
哲学博士学位。从美国回国途中，曾赴伦敦经济和社会科学院研修半年，后
到苏联外国语学校担任英文教员，1935 年 1 月至 7 月在中国问题研究所从
事研究工作。1935 年秋返回燕京大学任讲师。1936 年 9 月至 1943 年 7 月
在上海工部局监狱任助理监督，1937 年开始在东吴大学兼课讲授犯罪学，
1938 年在上海社会科学讲习所教授社会运动史课程，1941 年任上海"复社"
编辑。1943 年 7 月至 1947 年 3 月任上海新华银行总行代理总秘书。1947 年
3 月重返燕京大学任社会学系教授，兼任教务委员会委员，代理政治系主任，
代理训导长，讲授"犯罪学""社会学概论""社会变迁"等课程，并兼在北

〔1〕　严景耀部分主要参考资料：严景耀：《中国的犯罪问题与社会变迁的关系》，吴桢译，商务
印书馆 2019 年版。徐家俊：《严景耀：提篮桥首位华籍副典狱长》，载《都会遗踪》2015 年第 1 期。
徐彬：《1956 年一级教授评定之研究》，南京师范大学 2007 年硕士学位论文。张玮瑛、王百强、钱
辛波主编：《燕京大学史稿 1919—1952》，人民中国出版社 1999 年版。程继隆主编：《社会学大辞典》，
中国人事出版社 1995 年版。中华人民共和国高等教育部编：《1956 年全国高等学校科学研究题目汇
编》，高等教育部 1956 年版。中国政法大学档案馆馆藏资料《1956 年调整工资名册》。

立德树人：法治之路上的法大前辈

大法学院讲授犯罪学。新中国成立后，担任燕京大学政治系主任、代理法学院院长，兼任北京大学法学院法律学系教授。

1952年院系调整，严景耀参与筹建北京政法学院，1952年11月起任研究室副主任，后兼任校务委员会委员，1957年任国家法教研室主任、《政法教学》编委会委员。1956年，在国家工资改革及教授评级中，获评三级教授。1973年调北京大学国际政治系研究国际问题。

在北京政法学院期间，严景耀曾讲授苏维埃国家法课程，1956年开展了"中华人民共和国国家的经济作用"科学研究。主要论著有《北平犯罪之社会分析》（载《社会学界》1928年第2卷）、《北平犯罪研究 A study of crime of Peping》（英文，1929年于燕京大学）、《中国监狱问题》（载《社会学界》1929年第3卷）、《犯罪学书目》（载《社会学界》1929年第3卷）、《北平监狱教诲与教育》（载《社会学界》1930年第4卷）、《中国犯罪问题与社会变迁的关系 Crime in Relation to Social Change in China》（英文，载《美国社会学期刊》1934年第11卷第3期）、《原始社会中的犯罪与刑罚》（载《社会学界》1936年第9卷）、《持久战与民众运动》（载《公论丛书》1938年第二期）、《论民主与法制》（载《民主》周刊，1946年第16期）等。

严景耀是中国民主促进会的创始人之一，任民进中央第一、二、三届常务理事，第四、五届常委；1949年出席新政协第一届全体会议，任第一、二、三届全国人大代表。

雷洁琼[1] 曾用名结群，1905 年 9 月出生于广东台山，1924 年赴美国留学，初进加州大学选修化学，后到斯坦福大学选修远东问题，最后转入南加州大学攻读社会学，1931 年以论文《美国华侨的第二代》获得南加州大学社会学硕士学位；旋即回国，执教于燕京大学社会学系，先后任助教、讲师、副教授，讲授"社会学入门""社会服务概论""贫穷与救济""家庭问题""儿童福利问题"及"社会服务实习"等课程。1941 年后任上海东吴大学社会系教授，同时兼沪江大学、震旦女子文理学院、圣约翰大学教授。1946 年 9 月返燕京大学任教，开设"社会解组""社会行政""妇女儿童与社会"等课程。

图 2-15：雷洁琼
（1905.09.12—2011.01.09）

1952 年院系调整，雷洁琼到北京政法学院任教，同年 11 月 24 日至 1966 年 1 月任北京政法学院副教务长，期间曾任北京政法学院学习委员会主任、学术委员会委员、《政法院讯》校刊编委会副主任委员等职；副教务长卸任后任由党外教授、副教授组成的研究室的主任。1956 年，在国家工资改革及教授评级中，获评二级教授。1973 年，调任北京大学国际政治系、社会学系教授。

在北京政法学院期间，雷洁琼曾为本科生讲授"人民民主国家法"等课

---

〔1〕雷洁琼部分主要参考资料：吴子明：《雷洁琼民国时期三篇佚文的发现》，载《民主》2020 年第 9 期。周川主编：《中国近现代高等教育人物辞典》，福建教育出版社 2018 年版。夏莉娜：《雷洁琼：法学家的港澳情》，载《中国人大》2011 年第 12 期。徐彬：《1956 年一级教授评定之研究》，南京师范大学 2007 年硕士学位论文。张玮瑛、王百强、钱辛波主编：《燕京大学史稿 1919—1952》，人民中国出版社 1999 年版。《中华人民共和国国史全鉴》编委会编：《中华人民共和国国史全鉴 第五卷 1976—1988》，团结出版社 1996 年版。中国政法大学档案馆馆藏资料《1956 年调整工资名册》。

程。主要论著有《大学女生的修养问题》（载《燕大旬刊》1934 年第 3 期）、《中国家庭问题研究讨论》（载《社会学界》1936 年第 9 期）、《三十六年来妇女运动的总检讨》（载《地方建设》1941 年创刊号）、《挽救中国儿童的厄运》（载《知识与生活》1947 年第 5 期）、《关于社会学的几点意见》（载《社会科学研究资料》1981 年第 8 期）、《重视社会问题的调查研究》（载《社会杂志》1981 年 00 期）、《用社会学观点来研究教育问题》（载《复印报刊资料（社会学）》1982 年第 1 期）、《老年社会生活与心理变化》（北京师范学院出版社 1987 年版）、《新中国建立以来婚姻家庭制度的变革》（载《北京大学学报（哲学社会科学版）》1988 年第 25 卷第 3 期）和《雷洁琼文集》（开明出版社 1994 年版）等。

雷洁琼参与了新中国第一部婚姻法、第一部宪法的起草工作，以及义务教育法、教师法、教育法和香港特别行政区基本法、澳门特别行政区基本法等法律的制定。从 1983 年起，作为第六届全国人大常委会委员、全国人大法律委员会副主任委员参加制定法律 63 件，作为第七、八届全国人大常委会副委员长参加制定法律 205 件，以及宪法的修订工作。

此外，雷洁琼"九·一八"事变后参加抗日救亡和妇女工作，曾任江西省伤病管理处慰劳科上校课长，1935 年"一二·九"运动时，以教授身份营救被捕学生。1938 年初到江西，在新四军南昌办事处指导下宣传抗日救国，培训妇女干部，曾任国民党江西省地方政治讲习院妇女班主任、妇女指导处督导主任，掩护进步学生并协助其奔赴解放区。抗战胜利后投身反对国民党内战、独裁政策的爱国民主运动，1945 年底参与发起"中国民主促进会"，1946 年参与发起上海人民团体联合会并作为联合会代表之一赴南京请愿。1949 年参加新政协筹备工作，参与起草《中央人民政府组织法》，出席了政协第一届全国委员会全体会议。

中华人民共和国成立后，雷洁琼历任中国新政治学会副秘书长、政务院文教委员会委员、全国妇联委员，国务院专家局副局长、中国社会学学会副会长等职务。1977 年后任北京市政协副主席、中国国际交流学会副会长、全国妇联副主席、北京市副市长、中国法律学会理事、国务院学位委员会第一届学科评议组成员、中国社会科学院社会学所学术委员等职务。1986年当选全国政协副主席，1988年当选全国人大常委会副委员长。1987年至1997年，任民进中央主席，卸任后被推举为民进中央名誉主席。

张锡彤

（1903—1988.08.22）[1]

张锡彤[2]　1903年出生，河北省青县人。1929年毕业于北京大学法学院政治系，其后入燕京大学研究院深造。毕业留燕京大学任教，后任燕京大学教授。1952年院系调整时，调至北京政法学院任教授，先后在教研室研究组、教务处编译组工作。1954年参与创办《教育简报》，主要负责翻译外国学述著作。1956年，在国家工资改革及教授评级中，获评四级教授；同年，调往中央民族学院历史系并担任世界史教研室主任，期间于1958年至1962年，在新疆调查组参加少数民族社会历史调查，并编写有关丛书。1966年调往民族研究所任研究员。

张锡彤曾讲授"政治学概论""中国政府""资本主义国家政府"等课程。主要著作有《意国组合制度之研究》（载《政治经济学报》1944年第2期）、《论行政》（载《大中》1946年第8期）、《论贪污及无能》（载《现代知识》1947年第12期）、《分权说在清季之传播》（载《燕京社会科学》1948年11月）、《西方政治学传入中国的最初阶段》（英文，载《燕京社会

---

〔1〕 张锡彤的相关档案材料中未见其出生月、日。

〔2〕 张锡彤部分主要参考资料：王炳根：《玫瑰的盛开与凋谢 冰心吴文藻合传 下》，福建教育出版社2017年版。王天丽主编：《新疆方志书目提要》，新疆美术摄影出版社、新疆电子音像出版社2015年版。徐彬：《1956年一级教授评定之研究》，南京师范大学2007年硕士学位论文。张玮瑛、王百强、钱辛波主编：《燕京大学史稿1919—1952》，人民中国出版社1999年版。中国政法大学档案馆馆藏资料《1956年调整工资名册》。

立德树人∶法治之路上的法大前辈

学界》1950 年第 5 卷），合著《试论俄国东方学家瓦·弗·巴托尔德对蒙古史的研究及〈突厥斯坦〉一书》（载《元史论丛》1982 年第 1 期）、《哈萨克族简史简志合编初稿》（中国科学院民族研究所 1963 年内部刊印）、《中国历史地图集释文汇编（东北卷）》（中央民族学院出版社 1988 年版）。曾为《中国大百科全书 中国历史 元史》《中国大百科全书 中国历史 秦汉史 2》《中国大百科全书 民族》等编写过词条。校译了《苏联大百科全书选译 石器时代 青铜器时代 铁器时代》（生活·读书·新知三联书店 1957 年版）。

张锡彤曾是燕京大学唯一没有留学资历便获得教授资格的人，掌握英、法、日、俄四国外语。《原始文化史纲》（人民出版社 1955 年版），合译《考古学通论》（科学出版社 1956 年版）、《六次危机》（商务印书馆 1972 年版）、《蒙古入侵时期的突厥斯坦》（上海古籍出版社 2007 年版）等书籍。

张锡彤参与发起成立新法学研究会，任新法学研究会筹备委员会委员。

陈芳芝[2] 曾用笔名 Alice Chen，1914 年 3 月出生，广东汕头人，在香港长大。1931 年由香港考入燕京大学政治系，成为该系唯一女生。1935 年毕业，进入燕京大学研究生院，

图 2-16：陈芳芝[1]
（1914.03.14—1995.11.17）

〔1〕 照片摘自陈芳芝：《东北史探讨》，中国社会科学出版社 1995 年版。
〔2〕 陈芳芝部分主要参考资料：元青等：《民国时期留美生的中国问题研究——以留美生博士论文为中心的考察》，南开大学出版社 2017 年版。李晔、李振军：《太平洋学会研究（1925-1960）》，燕山大学出版社 2016 年版。马桂英：《蒙古文化中的人与自然关系研究》，辽宁民族出版社 2013 年版。王伟：《中国近代留洋法学博士考（1905—1950）》，上海人民出版社 2011 年版。燕京大学北京校友会、《燕京大学办学特色》编写组：《燕京大学办学特色》（2008 年）。张玮瑛、王百强、钱辛波主编：《燕京大学史稿 1919—1952》，人民中国出版社 1999 年版。中国考古学会编：《中国考古学年鉴 1985》，文物出版社 1985 年版。

1936 年获奖学金赴美国女子学校拜扬麦尔学院经济与政治系学习国际法，师从芬维克（C.G.Fenwick）教授，跨过硕士学位，1939 年直接取得博士学位后归国。1940 年初至 1952 年，在燕京大学任教，讲授"国际公法""中外关系"等课程，期间 1941 年燕京大学遭日寇入侵关闭，到成都参加复校工作，复校后任女部主任；燕就学迁返北平后，出任燕山大学政治系主任兼研究院导师，主讲国际法及中国外交史等课程，同时兼任行政委员会委员，并一度任秘书。1952 年院系调整，转入北京政法学院，在教研室研究组学习、工作，约 1954 年调往北京大学历史系任教。

陈芳芝致力于用国际法研究方法与成果进行边疆问题研究，撰写了《与中国有关的若干国际法问题》（博士毕业论文，1939 年），1948 年至 1950 年在《燕京学报》发表 4 篇沙俄侵华史文章，联合发表《关于上古至秦汉时期东北疆域的几个问题》（载《北京大学学报》1984 年第 6 期），1962 年撰写《"九一八"事变时美国对日本的绥靖政策》一文，后集结 8 篇论文出版《东北史探讨》（中国社会科学出版社 1995 年版）；合译《中国简明史》（商务印书馆 1962 年版）、《新史学》（商务印书馆 1964 年版）、《俄中战争——义和团运动时期沙俄侵占东北的战争》（商务印书馆 1982 年版）等书。

陈芳芝曾任英文《燕京社会学界》（The Yenching Journal of Social Studies）1948 年 8 月复刊后第 4、5 卷主编。

图 2-17：徐敦璋
（1902.09.11—1960.10.14）

　　徐敦璋[1] 字元奉，1902 年 9 月生于四川省垫江县。1918 年至 1926 年在清华学校就读，考取庚款留美。1926 年至 1931 年在美国威斯康星大学留学，1928 年获得经济学学士学位，1929 年获得政治学硕士学位，1931 年获得政治学博士学位。在美期间，曾在芝加哥大学、哥伦比亚大学学习，1930 年至 1931 年得到卡内基奖金在日内瓦国际学院做研究工作。回国后，1931 年 9 月至 1932 年 9 月先后在清华大学、燕京大学教书，并任北平平津学术团体抗日联合会研究员、《清华周刊》主要撰稿人。1932 年 9 月至 1935 年 8 月任南开大学政治学教授；1935 年 9 月至 1937 年 8 月任四川大学法学院院长，1937 年 9 月至 1939 年 8 月任政治系主任，期间 1933 年至 1936 年兼任《外交月报》常任编辑。1939 年 9 月任国民党军事委员会参事室研究员。1940 年 9 月至 1941 年 9 月任云南大学教授。1941 年 10 月起先后任国民党政府贸易委员会技术专员、国防最高委员会外交专员、国防最高委员会参事、重庆战犯审查委员会专员、驻日代表团专员等职。1949 年 9 月由日本回国，10 月任重庆大学政治系主任、教授，1951 年 3 月任燕京大学政治系教授。

　　1952 年院系调整，徐敦璋被分配至北京政法学院任教授，先在研究组学习、工作，后至民刑法教研室刑法教研组、国家法教研室任教，1956

---

　　〔1〕徐敦璋部分主要参考资料：孙宏云：《中国政治学界对九一八事变后中日关系的反应——以中国政治学会及其重要会员为中心》，载《安徽师范大学学报（人文社会科学版）》2021 年第 6 期。罗红希：《民国时期对外贸易政策研究》，湖南师范大学出版社 2017 年版。徐彬：《1956 年一级教授评定之研究》，南京师范大学 2007 年硕士学位论文。四川省垫江县志编纂委员会编纂：《垫江县志》，四川人民出版社 1993 年版。童兆洪、吕雪梅编：《法学论文目录集 1949—1984》，浙江人民出版社 1986 年版。中华人民共和国高等教育部：《全国高等学校已完成的重要科学研究题目汇编 第一集》。中国政法大学档案馆馆藏资料《1956 年调整工资名册》。

年任学术委员会委员。1956 年，在国家工资改革及教授评级中，获评三级教授。

　　徐敦璋主要研究国际问题，曾开设"国际公法""中国外交史""比较政府""国际政治""国际组织""条约论""政治学"等课程。在北京政法学院期间曾研究"恢复中华人民共和国在联合国中的合法权利和地位问题"，1954 年 5 月 27 日北京政法学院第一次科学讨论会讨论了其论文《恢复中华人民共和国在联合国中合法权利和地位问题》，该文后在《政法研究》（1956 年第 5 期）上发表。其他著作主要包括《国际联盟理事会之剖视》（良友图书印刷公司 1931 年版）、《国际联合会与国际纷争》（平津学术团体对日联合会 1932 年版）、《国际学的研究——一个新兴社会科学的讨论》（载《外交月报》1933 年第 2 卷第 5 期）、《中国对国际联合会的政策》（南开大学经济研究所 1935 年版）、《日本退盟与世界均势之影响》（载《东方杂志》1935 年 32 卷第 1 期）、《太平洋战争与我国对美贸易》（载《贸易月刊》1942 年第 7 期）、《美国与各国所缔结之互惠贸易协定》（国际问题研究所 1943 年版）等。

（四）原辅仁大学社会系教授

图2-18：戴克光

（1905.10.04—1977.08.29）

　　戴克光[1]　字刚伯，1904年10月出生，江苏省阜宁县人。1925年8月至1929年7月就读于清华大学法学院政治学系，毕业后留校任政治学系助教；1931年至1933年，在南京中央政治学校任编译员。1933年参加中英庚款留学生考试被录取，于1934年赴英国伦敦大学政治经济学院深造，1936年毕业并获得硕士学位。1937年至1943年，先后任国立中央大学（南京）教授、四川大学教授、国立中央大学（重庆）教授，期间曾任《世界政治》刊物编辑。1943年秋就任江苏学院院长，1947年任国立政治大学政治系教授。1948年5月任国民党政府监察院参事。1949年至1951年在同济大学法律系任教授，期间1950年华北人民革命大学政治研究院第一期毕业。1951年至1952年在北京辅仁大学社会系民政组任教授，期间在中央政法干校行政班学习。

　　1952年院系调整，戴克光到北京政法学院研究组学习、工作，后到国家法律教研室任教，讲授中国国家与法权史课程。1956年，在国家工资改革及教授评级中，获评三级教授。1957年在学院工会第四届代表大会上当选基层工会委员会委员，后担任学院工会主席。

　　戴克光曾讲授"政治学""比较政府"等课程。在北京政法学院期间，1955年至1956年开展了"鸦片战争后满清国家与法权所发生的变化""唐

---

〔1〕戴克光部分主要参考资料：上海图书馆编：《上海图书馆藏近现代中文期刊总目》，上海科学技术文献出版社2014年版。中华人民共和国高等教育部编：《1956年全国高等学校科学研究题目汇编》，高等教育1956年版。中国政法大学档案馆馆藏资料《1956年调整工资名册》。

律的研究"等科学研究，并在北京政法学院第二次科学研讨会上对其研究成果《试论唐论何以是中国封建社会的标准法典》进行讨论。著有《从"三一八"惨案所得之感想与教训》（载《清华周刊》1926年第25卷第6期）、《论清华大学应实行男女同学之理由》（载《清华周刊》1926年第25卷第9期）、《清华大学今后应负之责任》（载《清华周刊》1929年第32卷第6期）、《政治思想史》（载《十月》1931年第2期）、《美国总统怎样决定外交政策》（载《世界政治》1939年第9期）、《我们现在需要一个行政改革运动》（载《国是公论》1939年第21期）、《论改革行政与抗战建国》（载《国是公论》1939年第23期）、《英国战时政府论》（载《世界政治》1942年第1期）、《关于研究中国法制史的几个问题》（载《人民日报》1956年12月30日第7版）、《试论唐律是中国封建社会的标准法典》（载《政法教学》1958年第1期）、《论唐律与中国封建社会的"四种权力"问题（提纲）》（载《法学研究》1963年第1期），译有《政治思想史（上、下）》（神州国光社1932年版）、《英国工业革命和宪章运动》（四联出版社1954年版）等书籍。

二、从华北地区调入的人员

1952年北京政法学院成立时，学院的主要任务是为新中国培养政法干部，培养对象为调干生和专修生（1954年开始招收培养四年制本科生，1955年开始招收培养研究生，1956年停止对调干生的培养[1]）。当时，从"四校"调入的教师多数还处于思想改造阶段，只有少数教师可以讲课，因此彼时学院的课程教学，尤其是政治理论方面的课程，主要由从华北地区调入的人员承担。从华北地区调入北京政法学院的教师，主要来自华北人民革命大学和华北局党校。

（一）从华北人民革命大学、华北局党校调入的人员

1948年5月，中共中央成立华北局并组建华北局党校，培养革命干部。

---

〔1〕 根据国务院"(56)国秘习字第48号"文件内容，各政法学院改为单一制，只培养法律本科学生，不再担负轮训任务。

立德树人：法治之路上的法大前辈

117

情怀法大

1949 年初，北平解放后，华北局党校迁入北平，同年 2 月更名为华北人民革命大学（以下简称"华北革大"）。华北革大分为四个部和一个天津分校，其中第三部建成政治研究院，主要学员是民主党派和无党派人士，包括北京几所旧大学的教授、国民党党政机关高级官员和部分起义投诚的国民党部队人员。1951 年冬，根据工作需要，华北局决定以华北革大第一部为基础恢复华北局党校，以推进党校的正规化建设。[1]

1953 年 1 月 13 日，中共中央正式宣告华北革大结束，其下的政治研究院部分人员调整到刚成立的北京政法学院。之后，华北局党校也有部分人员调至北京政法学院工作。因华北局党校与华北革大人员之间多有交叉和调动，两校的办学方针、方式方法也有很大的相似性，此处将两校调入北京政法学院的人员一并介绍。

从华北革大和华北局党校调入北京政法学院人员，从事教学工作的有十几位，在 1956 年国家工资改革及教授评级中，被评定为高教六级以上并任教研室主任的有 5 位，分别为刘昂、鲁直、赵先、张亚民、张杰。

刘昂

（1913.08.27—1988.09.25）

刘昂[2]　曾用名刘致学，1913 年 8 月出生，山西省平陆县人。1933 年加入中国共产党。1937 年至 1945 年期间，任敌后五台山新编二师团政治部

---

〔1〕吴起民、汪云生：《"革命熔炉"是怎样炼成的——华北人民革命大学马列主义教学经验研究》，载《党史研究与教学》2017 第 4 期。

〔2〕刘昂部分主要参考资料：《湖北年鉴》编辑部编：《湖北年鉴 1989》，湖北人民出版社 1989 年版。华中科技大学档案馆馆藏资料：《中国共产党华中工学院委员会任职通知》（院发字〔1979〕105 号）、中共湖北省委鄂发〔1975〕36 号文件。中南财经政法大学档案馆馆藏资料《全日制高等学校领导干部名册》（1962 年 2 月 9 日）、《中南政法学院行政处级以上、教学讲师以上主要干部基本情况登记表》（1957 年 10 月 29 日）。中国政法大学档案馆馆藏资料《1956 年调整工资名册》。

主任、师政治部宣传科长，山西崞县游击队政委、县委书记，晋察冀区委军事干事、地区武装部长、孟平县委书记，并在晋察冀中央局党校学习。1945年至1948年，先后任冀中胜芳市市委副书记、书记等职务，曾在饶阳县土改工作队工作。1949年到1952年，在中共中央华北局党校一部学习，任校办公室主任。

1952年刘昂参与筹建北京政法学院，任筹备委员会委员，后任北京政法学院教务长，1953年兼任马列主义教研室主任，1954年至1955年兼任民刑法教研室主任，1955年担任院学术委员会委员。1956年，在国家工资改革及教授评级中，被评定为高教四级。1957年调任中南政法学院院长助理，1958年10月起任湖北大学[1]教务长、党委副书记。1965年调任湖北外语专科学校校长。1973年调往华中工学院，1975年担任革委会会员、常委、副主任，院临时党委委员、常委。1979年任华中工学院副院长，1981年卸任并受聘该学院顾问。1982年离休。

鲁直[2]　原名姚慕兰，曾用名姚孟南，1910年9月出生，湖北省武昌人。1929年至1932年在湖北女子师范学校学习，后任小学教员。1937年12月入党，1938年8月参加革命工作。1938年8月至12月在延安中央组织部干训班学习；1939年至1945年，在湖北尖山任区委组长、县

图2-19：鲁直
（1910.09—1996.07.26）

---

　〔1〕　1958年中南政法学院与中南财经学院合并成立湖北大学。

　〔2〕　鲁直部分主要参考资料：中国新四军和华中抗日根据地研究会编：《新四军和华中抗日根据地人物辞典 下》，中共党史出版社2016年版。李延义、徐鸣岳：《这就是共产党员的本色——记离休干部鲁直同志》，中国政法大学校刊第135期（1991年7月10日，第3版）。中国政法大学档案馆馆藏资料《1956年调整工资名册》。杨鹤皋：《建校初期的教学中心——理论辅导组》，载《中国政法大学校报》第853期。

委组织部部长，信阳地委秘书长、干部科长、县委副书记等职。1942 年至 1944 年，在湖北省武汉敌占区从事地下党工作，任武汉市地下党委委员、市委副书记。1945 年至 1948 年，在中原军区建国公学任生活指导科科长、山东省政府人事处科员、山西晋城新四军留守处家属协理员。1948 年，到河北省平山县党校学习；1949 年至 1952 年在华北革大任班主任、教育科科长、教研室主任。

1952 年鲁直调至北京政法学院，任理论业务辅导组负责人。1953 年后历任教研室代理主任、国家理论和政策法律教研室主任、国家法律教研室主任、国家法权理论与国家法权史教研室主任、国家法权理论与历史教研室主任、国家与法的理论教研室主任、《政法教学》编委会委员、党委副书记等职务。1956 年，在国家工资改革及教授评级中，被评定为高教四级。北京政法学院撤销期间，在北京医学院任党委副书记。北京政法学院复办后返校，1983 年在中国政法大学离休。

鲁直曾讲授"中华人民共和国宪法""中国国家法""马克思主义国家与法权理论"等课程。主编《马克思列宁主义国家与法的理论讲义》（北京政法学院 1963 年）。发表论文《我国人民民主专政在社会主义革命中的作用》（合著，笔名"协之"，载《法学研究》1959 年第 3 期）、《认真学习毛泽东同志的"论人民民主专政"，用无产阶级的宇宙观作为观察国家命运的工具》（合著，笔名"协之"，载《法学研究》1961 年第 2 期）、《我国社会主义法在人民民主专政中的地位和作用》（合著，载《法学研究》1962 年第 4 期）。

鲁直离休后申请做编外辅导员，担任本科生 1982 级 3 班编外政治辅导员，负责党建工作。曾在校报上提倡遗体捐献，1996 年去世后将遗体捐献给北京医科大学进行医学研究。

赵先[1]　原名赵绍先，1922 年 7 月出生，籍贯河北省文安县。1938 年参加工作，1939 年 5 月加入中国共产党。1938 年 11 月至 1939 年 2 月，在文安县财委会、宣传队工作。1939 年 5 月后在文安县青会工作并在冀中区三地委受训，8 月任三地委青委干事；1939 年 10 月至 1946 年 4 月，在地委机关工作，任管理科长、秘书等职。1946 年 3 月至 1948 年 7 月，在河间县县委工作，任秘书、宣传部部长等职。1948 年 7 月至 1949 年 3 月，在华北局党校学习，任支部委员，同时做组教科员工作；1949

图 2-20：赵先
（1922.07.07—2010.03.29）

年 3 月后，转至华北革大政治研究院，先后任班主任、三部秘书，研究班副主任、主任等职。

　　1952 年 10 月，赵先到北京政法学院工作，任院办公室主任。1953 年 1 月起转入教学工作，先后任马列主义教研室辅导员、组长，中共党史、哲学教研室辩证唯物主义、历史唯物主义组[2]组长，兼做教师支部工作。1955 年以哲学教员身份当选北京政法学院学术委员会委员，1957 年 4 月起任哲学教研室主任。1956 年，在国家工资改革及教授评级中，被评定为高教五级。北京政法学院撤销后在学院留守处工作，并参与北京政法学院复办的筹备工作，为筹备组成员。1979 年 11 月至 1983 年 7 月任北京师范大学一分校党的领导

---

〔1〕 赵先部分主要参考资料：中国政法大学档案馆馆藏资料《大事记》〔政法筹（备）组，1978 年 8 月 14 日至 1979 年 6 月 6 日〕、《通知》（关于教研室及各处负责人任命情况，院发字第一号，1957 年 4 月 12 日）、《教职工名单》（1953 年 9 月）。中华人民共和国高等教育部编：《1956 年全国高等学校科学研究题目汇编》，高等教育部 1956 年版。北京联合大学师范学院提供的《北京市干部离职休养审批表》《干部履历表》等资料。

〔2〕《（北京政法学院）全院教职员名单》（1954 年 9 月 2 日）记载赵先为中共党史、哲学教研室辩证唯物主义与历史唯物主义组组长。《北京政法学院教职员一览表》（1954 年 10 月）记载赵先为中共党史、哲学教研室哲学教研组组长。

小组负责人，1983 年 7 月至 1985 年 12 月任北京师范大学分校领导小组组长，1985 年 12 月离休。

赵先在北京政法学院期间讲授"哲学"课程。1955 年 11 月至 1956 年 12 月，开展了"关于'辩证唯物主义与历史唯物主义'教学中如何进行政治思想教育的几个问题"研究。

图 2-21：张亚民
（1919.07.17—？）[1]

张亚民[2] 女，原名张玉娥，1919 年 7 月出生，籍贯山西省定襄县。1937 年 11 月参加革命工作并加入中国共产党。1933 年至 1938 年 6 月，在山西省定襄县工作，先后任初级小学教员、县动员委员会干部、县一区牺牲救国同盟会宣传委员。1938 年 6 月至 10 月，在晋察冀区党委党校受训。1938 年 10 月至 1939 年 8 月，在五台第五区政民工作队任队长兼区委。1938 年 8 月至 1942 年 8 月，先后任崞县妇会组织部部长兼党内妇女部长、崞代台三县办事处妇会主任兼分委妇委书记、二分区妇会主任兼党内地委妇委书记；1942 年 8 月至 1943 年 6 月任晋察冀地区妇会常委、副组织部部长，1943 年 6 月至 1945 年 8 月任二分区抗联会妇女部长。1945 年 8 月调冀中九分区任妇联副主任兼胜芳市妇联主任，1946 年 7 月到十地委任团副书记，1947 年 12 月任区委直属区区委。1948 年 6 月至 1949 年 1 月，在华北局党校学习，任组长。1949 年 1 月任华北革大一部八班主任兼支部书记，8 月起任华北革大三部二六班主任。1950 年 3 月至 9 月，任华北革大政治研究

---

〔1〕 未查到张亚民 1957 年调往中南政法学院后的情况，现状不详。

〔2〕 张亚民部分主要参考资料：中南财经政法大学档案馆藏资料《中南政法学院行政处级以上、教学讲师以上主要干部基本情况登记表》（1957 年 10 月 29 日）。中国政法大学档案馆藏资料《1956 年调整工资名册》。

院第七班主任。1951 年 1 月起任华北局党校第二班主任兼支部书记。

1953 年 1 月张亚民调入北京政法学院，任党委副书记、教务处副主任。1954 年 1 月至 1956 年 8 月，先后任经济建设教研室副主任、马列主义基础及政治经济学教研室副主任、党组委员。1957 年 1 月起任政治经济学教研室主任。1956 年，在国家工资改革及教授评级中，被评定为高教五级。1957 年调往中南政法学院。

张杰[1]　曾用名徐振杰，1924 年 10 月出生于河北省定县。1939 年 5 月在河北定县简师学习期间加入中国共产党，1940 年 3 月至 8 月在华北联合大学学习，1940 年 9 月起至 1941 年 2 月任华北联合大学招生委员会组织干事。1941 年 3 月至 1942 年 7 月，先后在冀中区三总队、八地委工作，经历了日寇对冀中的"五一大扫荡"。1942 年 8 月至 1946 年 3 月接受党组织派遣，到建国县先后任县委秘书、六区区委书记、县委宣传部副部长、敌工部长，领导群众反对敌人蚕食，恢复基层抗日政权，开展武装斗争。

图 2-22：张杰
（1924.10.21—1995.06.27）

1946 年 4 月到冀中区党委党校学习，6 月到晋察冀中央局党校学习。1947 年 6 月参加晋察冀中央局土改工作团赴平定县土改。1948 年 4 月到华北局党校工作，1949 年 2 月转入华北革大工作，先后任组织科科员、政治研究院八班班主任、政治研究院教育科副科长和科长等职。1953 年 3 月到华北局党校养病。

---

〔1〕 张杰部分主要参考资料：中国人民大学高等教育研究室、中国人民大学校史编写组编：《血与火的洗礼——从陕北公学到华北大学回忆录（第一卷）》，中国人民大学印刷厂 1997 年版。中国政法大学图书馆：《中国政法大学成立周年纪念 教师干部著译目录》（1984 年）。中华人民共和国高等教育部编：《1956 年全国高等学校科学研究题目汇编》，高等教育部 1956 年版。中国政法大学档案馆馆藏资料《1956 年调整工资名册》。

立德树人∷法治之路上的法大前辈

1954 年 2 月张杰调至北京政法学院，先后担任马列主义教研室副主任、民刑法教研室副主任、民法教研室主任，1955 年当选院学术委员会委员，北京政法学院第二、三、四届党委委员。1956 年，在国家工资改革及教授评级中，被评定为高教五级。1957 年 1 月至 1966 年 5 月，任北京政法学院监委书记。1959 年担任校务委员会委员。1969 年 4 月任北京政法学院革命委员会办事组组长。1972 年 5 月任安徽省"五·七"干校党委常委、教研组组长。1975 年 7 月调至教育部任高教一司负责人。曾参与北京政法学院复办的筹办工作，1979 年 1 月任筹备组成员。1983 年 1 月至 5 月任北京政法学院第一副院长、党委委员。中国政法大学成立后，任中国政法大学本科生院第一副院长。1985 年离休。

张杰 1956 年开展了"关于继承人和继承问题的商榷"科学研究。著有《谈谈政策与法律的关系》（载《政法教学》1958 年第 3 期）等论著。

（二）从华北地区其他单位调入的人员

图 2-23：徐敬之
（1903.04.07—1981.04.04）

徐敬之[1]　字绍先，曾用名徐世勋，1903 年 4 月生于河北省正定县。1926 年 3 月参加中国共产党，同时参加革命。1925 年 7 月至 1937 年 8 月，在河北省正定县任小学教员。1938 年 2 月至 1939 年 8 月，任察冀游击第二路范子侠部队政治部组织科长。1938 年 12 月入晋东南抗大一分校学习，1939 年 8 月毕业。1939 年 11 月至 1941 年 2 月，在冀南各界救灾会、冀南一专属工作。1941 年 3 月至 1942 年 5 月，任冀中区七九联中政治教员；1942 年 8 月至 12 月，任华北联合大学师训班政治教员。

---

〔1〕　徐敬之部分主要参考资料：中华人民共和国高等教育部编：《1956 年全国高等学校科学研究题目汇编》，高等教育部 1956 年版。

1943 年 1 月至 1944 年 5 月，在晋察冀一分区龙华县任教育科员。1944 年 6 月至 1945 年 10 月，任冀察中学副教导主任。1945 年 11 月至 1952 年 12 月，在察哈尔省、冀热察行署等革命根据地工作，曾任察哈尔省立师范学校校长、察哈尔省第五专属教育科长、察哈尔省干部学校教务处长、省委党校副书记等职。1953 年 5 月到华北局学习。

1953 年 9 月，徐敬之调至北京政法学院任经济建设问题教研室主任，1954 年任经济建设教研室主任，1955 年任马列主义基础及政治经济学教研室主任并担任院学术委员会委员，1957 年改任马列主义基础教研室主任。[1]1957 年任北京政法学院党委副书记兼监委书记，1966 年卸任。曾任北京政法学院第二、三、四届党委委员，第二、三届监察委员会委员。1959 年担任校务委员会委员。1956 年，在国家工资改革及教授评级中，被评定为高教四级。北京政法学院撤销后，分配到北京市教育局，学院复办后返校任顾问。

20 世纪 50 年代，徐敬之与相关教师合作开展"马克思列宁主义关于从资产阶级民主革命转变到社会主义民主革命的学说"研究，并就该研究在 1957 年北京政法学院第二次科学讨论会上进行研讨。

---

[1]《通知》（院发字第一号，1957 年 1 月 12 日发布）记载，徐敬之原任马列主义基础与政治经济学教研室主任，改任马列主义基础教研室主任。

立德树人：法治之路上的法大前辈

图 2-24：张子培
（1922.11.12—1995.10.10）[2]

张子培[1]　原名韩振耀，曾用名艾华、肖青，1922 年 11 月出生，河北省任丘县人。1940 年 6 月参加革命工作，9 月加入中国共产党，10 月起任冀中区仁河县区青年抗日救国会组织委员，12 月起在晋察冀中国人民抗日军政大学学习并任教育助理员。1941 年 11 月至 1948 年 8 月，在冀中区工作，先后担任冀中区任河县五区教育助理员、任河县委宣传干事，五区和七区区委会宣传、组织委员、区委书记，任河县委宣传部部长、任河县委社会部部长兼公安局局长、冀中青县县委宣传部部长、工委书记，冀中区八地委干训队总支组织委员，冀中区献县中学教导主任、总支书记。1948 年 8 月起在冀中区区党委党校学习，1948 年 10 月至 1950 年 1 月任青县县委会副书记兼宣传部部长。1950 年 1 月起任中共河北省沧县地委党校分校副校长，3 月后任河北省沧县县委副书记、书记。

1952 年 10 月，张子培调至北京政法学院，任院部办公室主任。1953 年在国家理论和政策法律教研室任辅导员组长，后任民刑法教研组组长，并开始在中国人民大学和北京政法学院进修法律，1954 年任民刑法教研室副主任，1955 年任刑法刑诉教研室副主任，1957 年提任刑诉教研室主任，1959 年担任校务委员会委员，1961 年开始招收培养刑事诉讼法研究生。北京政法学院第二、三、四届党委委员。1956 年，在国家工资改革及教授评级中，被评定为高教五级。1974 年 10 月至 1978 年 10 月在北京钢铁学院党

---

〔1〕 张子培部分主要参考资料：中国政法大学图书馆编：《中国政法大学成立周年纪念 教师干部著译目录》（1984 年）。中国政法大学档案馆馆藏资料《1956 年调整工资名册》。

〔2〕 根据张子培档案记载，其出生年月有 1922 年 11 月 12 日和 1922 年 9 月 24 日两种表述，推测"九月二十四"为农历，公历出生日期应为 1922 年 11 月 12 日。

委任宣传组长。北京政法学院复办后返校，1978年10月起任刑诉法教研室主任，1979年恢复招收刑事诉讼法专业硕士研究生。1987年离休。

张子培曾讲授"苏联刑事诉讼法""中国刑事诉讼法""中国法院、检察院组织法""西方国家刑事诉讼法"等课程。1955年至1956年，开展了"中华人民共和国刑事诉讼法教材（对生效判决的再审）"研究，与苏联专家楚贡诺夫合作开展了"中华人民共和国刑事诉讼法教材（侦查的原则与形式）"研究。主编或参与编写了《中华人民共和国刑事诉讼实例汇编》（北京政法学院1956年版）、《中华人民共和国刑事诉讼教学大纲》（北京政法学院1956年版）、《中华人民共和国审判法参考资料汇编》（第1—6辑，北京政法学院1956年版）、《中华人民共和国审判法讲义》（北京政法学院1959年版）、《中华人民共和国政策法律课学习参考资料》（北京政法学院政策法律课教研室，北京政法学院1960年版）、《政策法律学习文件》（北京政法学院政策法律课教研室，北京政法学院1961年版）、《政策法律课讲义》（北京政法学院政策法律课教研室，北京政法学院1961年版）、《中华人民共和国审判法参考资料汇编》（第7辑，北京政法学院1963年版）、《刑事诉讼讲义》（北京政法学院1964年版）、《中华人民共和国刑事诉讼法讲话》（群众出版社1979年版）、《〈中华人民共和国刑事诉讼法〉浅释》（广西人民出版社1980年版）、《刑事诉讼法教程》（群众出版社1982年版）、《刑事证据理论》（群众出版社1982年版）、《我国刑事诉讼的理论与实践问题探讨》（法律出版社1987年版）等讲义、教程和书籍。1961年至1966年参加《辞海》编纂，任法学分编委，主持司法组织、刑法、诉讼法小组的编纂工作。1979年参加《大百科全书》法学分卷的编纂工作，主持司法组织、诉讼法小组的编纂工作。

张子培发表的论文主要有《关于我国上诉审的职能的几个问题》（载《政法研究》1956年第4期）、《关于刑事诉讼中运用证据认定案件事实的几个问题》、（载《政法研究》1962年第4期）、《刑事诉讼法讲座》（载《人民司法》1979年第8期）、《略论刑事证据的特征》（载《北京政法学院学报》

1981 年第 1 期）、《刑事诉讼中的证明责任》（载北京市法学会第二届年会论文集《法学论集》，北京市法学会 1983 年版）等学术论文。

张子培曾任中国法学会诉讼法研究会顾问，北京市法学会理事、诉讼法研究会副理事长等职。

图 2-25：王禹夫

（1909.04.12—1996.01.03）

王禹夫[1]　原名王辛民、王振明，曾用名王一民（逸民）、王平一、王光潜等，1909 年 4 月 12 日出生，河北省获鹿县人。1926 年至 1932 年在保定师范读书，1932 年后在北京大学听课，学习史学和俄文等。1929 年入党并参加革命。1929 年春到 1930 年底，在保定、北平等地组织"新生社"（新生读书社）、"鏖尔社"（鏖尔读书会）保定总分会，任主席、书记等职，研究宣传马克思主义思想。1931 年春至秋，在保定"反帝大同盟""革命互济会"等机构从事组织、宣传工作。1931 年秋至 1933 年夏，受党组织派遣由北平前往保定，成立"北方人民出版社"，刊行马列主义及中国共产党文献等书籍，一个人担任编审、校对、出版和发行工作；参与"社会科学家联盟"等工作。1933 年秋至 1934 年夏，在北平职业中学任教务主任，并在该校"庆安高中"讲

---

〔1〕 王禹夫部分主要参考资料：中共北京市委党史研究室：《中国共产党北京历史 第一卷（1921—1949）》，中共党史出版社 2021 年版。张远航：《经典追溯——卡·马克思和弗·恩格斯著作在中国的传播（1899—1949）》，中央编译出版社 2020 年版。叶再生：《中国近代现代出版通史 第 2 卷》，华文出版社 2002 年版。韩晓明：《北方人民出版社始末——访王辛民同志》，载《新文化史料》1989 年第 4 期。王禹夫：《忆北方人民出版社》，载上海市出版工作者协会《出版史料》编辑组编：《出版史料 第 3 辑》，学林出版社 1984 年版。中华人民共和国高等教育部编：《1956 年全国高等学校科学研究题目汇编》，高等教育部 1956 年版。中国政法大学档案馆馆藏资料《1956 年调整工资名册》、《干部履历表》、《同意王禹夫同志任北京政法学院顾问》（中共司法部党组文件）。

授历史及中国文学史等课程。1934 年 6 月，在北平被国民党特务逮捕，被判送苏州反省院。1935 年秋至 1936 年夏，任南京铁道部《铁路职工》(《工人生活》)刊物编辑。1936 年秋至 1937 年夏，在北平华北人民救国会负责宣传工作，并主编刊物《公理报》。1937 年冬，在山西省绥德县八路军警备司令部教导队任文化教员。1938 年初为边区教育厅编写历史课本，后在延安文化协会组织"新文字促进会""世界语协会"，开办俄文讲习班、世界语讲习班、新文字讲习班，并编写俄文、世界语等课本。1939 年上半年在延安马列学院编译部任编译员，同年秋到延安文字协会再事新文字运动，成立"新文字运动委员会""新文字协会"等机构。1940 年 7 月，主持延安市业余俄文讲习班，编写俄文新课本，兼任鲁迅艺术学院、陕北公学等学校俄文教员；1942 年春，在延安"文艺界抗敌协会"任"延安诗会""诗刊社"等机构秘书，参与俄文翻译和整风运动；1943 年春，在延安中央党校三部整风学习；1945 年 5 月至 11 月，任延安编译局编译部编译员；1945 年 11 月，任延安军委编译部编译员；1946 年 11 月到延安大学任俄文教员；1947 年 5 月后在冀中正定任华北联合大学、华北大学图书馆主任，1948 年 11 月任华北大学研究部外语研究室研究员；1949 年 10 月并入中国人民大学，任研究部"历史研究室"研究员。1950 年 5 月，调任中国科学院近代史研究所副研究员。

1953 年王禹夫调至北京政法学院马列主义教研室任教研组组长，副教授，中国革命史教员，1954 年任中共党史、哲学教研室副主任，1955 年任北京政法学院学术委员会委员。1956 年，在国家工资改革及教授评级中，获评五级副教授。1971 年至 1972 年，在北京政法学院安徽五七干校研究党史。北京政法学院复办后，1979 年任研究生指导教师，兼任科研处研究组负责人；1980 年被评为教授；1982 年经司法部党组同意，任北京政法学院院级顾问。1987 年离职休养。

王禹夫 1956 年 1 月至 1957 年 12 月，开展了"左翼文化运动概述"研究。曾发表《劳动者的语言与劳动文化》(笔名辛工立，载《劳动季报》1935 年第 7 期)、《中国民族革命文化之史的发展提纲》(笔名辛民，载《西线》1939 年第 6 期）；合编《俄文新课本》（作者禹夫、师哲，关东中苏友好协会 1948 年版）、《俄语教程》（系列图书，作者李绍鹏、王伊夫，大众书店 1949 年至 1950 年出版）。

离休后，王禹夫回忆撰写党史文章，如《忆北方人民出版社》（收录于《出版史料 第 3 辑》，学林出版社 1984 年版）等。

第二节　中国政法大学终身教授

2001 年 10 月 17 日，中国政法大学授予江平、陈光中、张晋藩三位教授 "中国政法大学终身教授" 称号。[1] 2006 年 4 月 20 日，法大聘任李德顺教授为终身教授。[2] 2009 年 5 月，法大聘任应松年教授为终身教授。

图 2-26：江平
（1930.12.28—2023.12.19）

江平[3]　原名江伟琏，1930 年 12 月生于旅大（今辽宁省大连市），后迁居北平。1948 年考入燕京大学新闻系，1949 年 3 月被选派至共青团北京市委工作。1951 年 8 月至 1956 年 8 月，先后在苏联喀山大学、莫斯科大学法律系学习，成为新中国首批赴苏联留学生。1956 年提前一年毕业归国，到北京政法学院民法教研室执教，后任外语教研室教师。1972 年 5 月至

〔1〕《中国政法大学关于授予江平陈光中张晋藩终身教授称号的决定》（校字〔2001〕120 号）。
〔2〕《中国政法大学关于聘任李德顺为终身教授的决定》（中政大发〔2006〕64 号）。
〔3〕 江平部分主要参考资料：雷磊、杨婷婷主编：《法大群英：参与共和国立法的法大人》，中国政法大学出版社 2022 年版。江平口述，陈夏红整理：《沉浮与枯荣：八十自述》，法律出版社 2010 年版。王玉明主编：《中国法学家辞典》，中国劳动出版社 1991 年版。中国政法大学档案馆藏资料《留学科技干部情况登记表》（1981 年）。

1978 年 7 月在延庆中学担任教师，1978 年 7 月至 12 月在北京市外国语学校任教。1978 年 12 月调回北京政法学院，担任民法教研室负责人，1979 年起开始招收硕士研究生。1982 年 12 月任北京政法学院副院长、党委委员。1983 年任民法专业导师组组长，中国政法大学成立后任本科生院副院长，1984 年任学术委员会副主任。1984 年 9 月起任中国政法大学副校长。1986 年筹备中国政法大学外国法研究所，兼任筹备组组长。1988 年 6 月任校长，1990 年 2 月卸任。1991 年开始招收博士研究生。

江平 1956 年至 1957 年参与编写中国民法讲义（内部），译校《苏维埃民法》（第三、四册，法律出版社 1957 年版）。北京政法学院复办后开设"罗马法""西方国家民商法"等课程，带领民法教研室教师自编讲义教材《罗马法》（1981 年）。主编教材《民法学原理》（三卷本）获第二届国家图书奖，《中国民法学》获第二届中国高等学校优秀教材特等奖，《民法学》获中国国家级优秀教材一等奖和中国司法部优秀教材一等奖。此外，还著有或编有《西方国家民商法概要》（法律出版社 1984 年版）、《罗马法基础》（中国政法大学出版社 1987 年版）、《民法教程》（中国政法大学出版社 1988 年版）等教材或书籍，主编了《中国大百科全书·法学》（中国大百科全书出版社 1984 年版）、《中国司法大辞典》（吉林人民出版社 1991 年版）。发表了《完善市场经济法律制度的思考》（载《中国法学》1993 年第 1 期）、《罗马法精神与当代中国立法》（载《中国法学》1995 年第 1 期）、《制订民法典的几点宏观思考》（载《政法论坛》1997 年第 3 期）、《关于制定民法典的几点意见》（载《法律科学》1998 年第 3 期）、《制订一部开放型的民法典》（载《政法论坛》2003 年第 1 期）等学术论文。

江平参加了《民法通则》《公司法》《合伙企业法》的制订；参与《行政诉讼法》立法并担任行政立法研究组组长，任《信托法》《合同法》起草小组组长，《物权法》和《民法典》草案专家小组组长。

江平 1988 年当选第七届全国人大代表、第七届全国人大常委会委员、第七届全国人大法律委员会副主任委员；1988 年任中国法学会副会长，1995 年任北京仲裁委员会主任，2000 年任比较法学研究会会长。此外，还担任中国经济法研究会副会长、最高人民法院特邀咨询员、中国国际经济贸易仲裁委员会仲裁员、中国消费者协会副会长等职务。获评"全国杰出资深法学家"称号。

图 2-27：陈光中
（1930.04.23—）

陈光中[1] 1930 年 4 月出生，浙江省永嘉县人。1948 年，考取清华大学、中央大学法律系，选择就近入读中央大学。1949 年 1 月寄读广州中山大学法律系，1950 年夏通过考试转学至北京大学法律系，1952 年 7 月毕业留校任教。1952 年院系调整，随北大法律系到北京政法学院，先担任班主任，1954 年起担任刑事诉讼法学教员。1972 年至 1978 年，在广西大学任教，讲授近代史和中国哲学史课程。1978 年 8 月调入人民教育出版社，1979 年任北京政法学院刑诉法专业兼职导师，1982 年 9 月调至中国社会科学院法学研究所任刑法室主任。1983 年回到中国政法大学，出任研究生院副院长，讲授刑诉法、证据法、外国刑诉法、司法制度等课程。1984 年任中国政法大学学术委员会委员。1986 年，经国务院学位委员会批准，成立全国第一个诉讼法学博士点并担任博士生导师。1986 年开始筹备中国法制研究所，兼任筹备组组长；1987 年兼任该所所长。1988 年 6 月起任中国政法大学常务副校长，1992 年 5 月任校长，1994 年 3 月卸任。之后，担任中国政法大学刑事法律研究中心主任，诉讼法学研究院名誉院长。

---

〔1〕 陈光中部分主要参考资料：中国政法大学党委宣传部主编：《思想的气象 中国政法大学学术演讲精粹 第 2 辑》，中国政法大学出版社 2016 年版。王玉明主编：《中国法学家辞典》，中国劳动出版社 1991 年版。中国政法大学档案馆馆藏资料《通知》〔关于聘请陈光中、张晋藩参加国务院学位委员会学科评议组第二届成员，(85) 学位办字 003 号〕。

陈光中独著和主编或合写的著作主要有《刑事证据理论》（群众出版社1982年版）、《外国刑事诉讼程序比较研究》（法律出版社1983年版）、《中国古代司法制度》（群众出版社1984年版）、《刑事诉讼法学》（中国政法大学出版社1990年版）、《中华人民共和国刑事诉讼法释义与应用》（吉林人民出版社1996年版）、《中华人民共和国刑事诉讼法修改建议稿与论证》（中国方正出版社1998年版）、《联合国刑事司法标准与中国刑事法制》（法律出版社1998年版）、《中国司法制度的基础理论问题研究》（经济科学出版社2010年版）、《公正审判与认罪协商》（法律出版社2018年版）、《司法改革与刑事诉讼法修改》（中国政法大学出版社2019年版）、《中国古代司法制度》（北京大学出版社2017年版，该书被批准翻译成英文、法文和俄文出版）、《中国现代司法制度》（北京大学出版社2020年版）等。主编教材主要有《法学概论》（中国政法大学出版社）、《证据法学》（法律出版社）、《刑事诉讼法》（北京大学出版社）等，其中《刑事诉讼法》已经出版到第7版。发表或合作撰写《苏联的辩护制度》（载《政法研究》1955年第2期）、《关于刑事诉讼中的证据分类与间接证据的几个问题》（载《政法研究》1956年第2期）、《我国古代刑事立法简史》（载《政法研究》1963年第4期）、《略论封建法制》（载《新华文摘》1979年第6期）、《刑事诉讼中的民主与专政》（载《中国法学》1985年第1期）、《关于我国建立判例制度问题的思考》（载《中国法学》1989年第2期）、《刑事证据制度改革若干理论与实践问题之探讨——以两院三部〈两个证据规定〉之公布为视角》（载《中国法学》2010年第6期）、《关于深化司法改革若干问题的思考》（载《中国法学》2013年第4期）等诸多学术论文。1993年主持起草《中华人民共和国刑事诉讼法修改建议稿》，65%的条文为1996年新修正的刑事诉讼法所吸收，尤其将疑罪从无原则引入刑事诉讼法修正案。

陈光中曾任国务院学位委员会第二、三、四届法学评议组成员，国家哲学社会科学研究"八五""九五"届法学规划小组（评审组）副组长，中国法学会第三、四届副会长，中国法学会学术委员会副主任，中国法学会诉讼法学研究会第一到五届会长，中国刑事诉讼法学研究会名誉会长，国际刑法学协会中国分会名誉主席，教育部社会科学委员会委员、法学部负责人之一，国家哲学社会科学基金法学评议组副组长，司法部法学教材编辑部副总编辑，最高人民法院特邀咨询员，最高人民检察院咨询委员会委员，教育部人文社会科学研究专家咨询委员会委员，"211 工程"预审和预备立项咨询专家，国家图书评奖委员会第二、三、四届委员等。

陈光中著作先后获得重要奖项共 15 项，主要有：《中华人民共和国刑事诉讼法修改建议稿》获得北京市第四届哲学社会科学优秀成果特等奖，教育部普通高等教育第二届人文社会科学研究成果法学一等奖；《中国司法制度的基础理论问题研究》获得北京市第十二届哲学社会科学优秀成果特等奖；《司法改革问题研究》获得北京市第十六届哲学社会科学优秀成果二等奖。同时，陈光中教授获得英国文化委员会颁发的"文化交流奖"，中国法学会授予的"全国杰出资深法学家"称号，中国刑事诉讼法学研究会授予的"中国刑事诉讼法学终身成就奖"等。

图 2-28：张晋藩
（1930.07.19—）

张晋藩[1]　1930 年 7 月生于辽宁省沈阳市。1947 年 9 月考入长春大学。1949 年 6 月考入外国语学校（现北京外国语大学前身），同年 9 月 15 日考入原中国政法大学，10 月转入原中国政法大学第三部学习。1950 年 3 月，原中国政法大学第三部并入新成立的中国人民大学法律系，3 月进

---

〔1〕 张晋藩部分主要参考资料：国务院学位委员会办公室编：《中国社会科学家自述》，上海教育出版社 1997 年版。中国政法大学档案馆藏资料《关于张晋藩等八位同志任免职务的通知》[(87) 司发党字第 034 号]、《通知》[关于聘请陈光中、张晋藩参加国务院学位委员会学科评议组第二届成员，(85) 学位办字 003 号]。中国政法大学图书馆编：《中国政法大学成立周年纪念 教师干部著译目录》（1984 年）。

行思想总结学习，9 月正式开学后由法律系一年级调入中国人民大学研究生部学习，在法律系攻读中国法制史研究生。1952 年 7 月毕业，留在中国人民大学国家与法权历史教研室执教。1973 年调到北京师范大学清史研究所工作，1978 年中国人民大学复校，回到法律系继续任教，历任副教授、教授、校学术委员会委员，校学位委员会委员。1983 年 5 月被国务院学位委员会评为博士生导师。

张晋藩 1983 年 3 月起参加筹建中国政法大学研究生院，并先后任研究生院副院长、院长，着重解决研究生院当时面临的两个难题：其一，因师资力量不能承担 25 个硕士点、125 名新生和 18 名进修生的教学培养工作，向司法部党组建议，聘请北大、人大、中央政法干部学校的法学优秀教师与法大教师组成导师组，共同研究硕士点教学与培养工作，集体研究、分头执行。导师组的教学方式持续了两期六年，培养硕士毕业生 200 余人，其中有半数留校参加教学工作，成为法大重要的教学研究力量。其二，开展多种举措保障研究生的学习条件，特别是将教育部下发的 400 元论文调查费全数发给学生，以使研究生能充分进行论文调查。

张晋藩 1984 年任中国政法大学临时党委委员，1984 年 4 月起兼任中国法制史研究所所长。1987 年 6 月任中国政法大学副校长（兼研究生院院长），主要负责科学研究工作，要求科学研究单位及教师每年完成定量科研成果，每年 5 月 5 日校庆举办学术成果展览或召开学术研讨会，直至 1994 年 3 月卸任。

张晋藩是中国法制史学的开拓者和奠基人，两次获得法制史重点学科带头人称号，主持的法制史学科被评为国家精品学科。出版或发表 20 余部教材、40 余部专著、300 余篇论文。其中《中华法制文明的演进》（第一版）荣获第十二届中国图书奖，《中国法制通史》荣获第三届中国高校人文社会科学研究优秀成果法学一等奖，《中国少数民族法史通览》荣获第八届高等学校科学研究优秀成果奖（人文社会科学）一等奖，《中国监察法制史》荣获北京市第十六届哲学社会科学优秀成果奖专著类一等奖。此外，《中国法制史（第一卷）》被日本中央大学译成日文出版，《中国法律的传统与近代转型（第三版）》和《中华法制文明史（古代卷、近当代卷）》被德国施普林格出版社（Springer）译成英文出版。

张晋藩 1986 年在全民普法之际，为中共中央书记处讲授法制课；1995 年、1998 年两次为全国人大常委会讲授法律课。2012 年被中国法学会授予首届"全国杰出资深法学家"称号。2018 年被中国老教授协会评为"科教兴国优秀工作奖"先进个人。2019 年被司法部评为"七五"普法中期先进个人。2021 年被北京市委授予"北京市优秀共产党员"称号。2021 年荣获武汉大学第二届"韩德培法学奖"终身成就奖。

图 2-29：李德顺
（1945.09.01—）

李德顺[1] 1945 年 9 月生于黑龙江省齐齐哈尔市。1964 年 9 月进入中国人民大学哲学系学习，1969 年本科毕业后到北京燕山石油化工总公司炼油厂工作。1978 年 9 月考入中国人民大学哲学系，1981 年获得哲学硕士学位并留校任教。1983 年至 1986 年，在中国人民大学哲学系攻读在职博士研究生，获哲学博士学位。1986 年起任哲学原理教研室主任，1987 年起担任硕士研究生导师、博士研究生副导师，1991 年 6 月任教授，1993 年 7 月任博士研究生导师。1996 年 1 月调任中国社会科学院研究员，3 月任哲学研究所马克思主义原理室主任；1998 年

---

〔1〕 李德顺部分主要参考资料：中国政法大学档案馆馆藏文书档案《中国政法大学关于刘忠德等同志任职的通知》（法大发〔2007〕38 号）、《中国政法大学关于李德顺等同志任职的通知》（中政法大〔2007〕72 号）、《中国政法大学关于增补李德顺教授为校学术委员会委员的通知》（中政法大〔2006〕96 号）、《中国政法大学关于李德顺等同志任职的通知》（中政法大〔2006〕9 号）等。《李德顺》（简介），载中国政法大学人文学院网站，rwxy.cup1.edu.cn/info/1127/3049.htm，最后访问日期：2024 年 7 月 30 日。

9月任中国社会科学院哲学研究所副所长，2000年起兼任中国社会科学院文化研究中心主任。

李德顺2005年12月调入中国政法大学。2006年受聘中国政法大学终身教授、人文学院院长，4月起兼任国际儒学院常务副院长，6月开始兼任学术委员会委员、副主席，法学理论专业博士生导师、博士后合作导师。2007年7月至2014年6月，兼任《中国政法大学学报》主编。2009年起任人文学院名誉院长，法学理论专业博士生导师、博士后合作导师。2014年起调整为法治文化专业博士生导师、博士后合作导师。

李德顺主要研究和教学领域为马克思主义哲学原理、价值与价值观念、当代文化、法治文化。出版专著近20本，其中《价值论——一种主体性的研究》（中国人民大学出版社1987年第1版、2007年第2版、2013年第3版）先后获第二届中国图书奖一等奖、北京市哲学社会科学优秀成果奖一等奖、国家教委优秀社科成果奖等，第三版同时作为国家社科基金"中华学术外译"项目，由国际Springer出版集团出版发行英文版；《选择的自我——一位哲学家眼中的人生》（北京出版社1996年版）获全国优秀青年思想理论读物一等奖；《公民道德读本》（吉林文史出版社1996年版）获"五个一工程"奖；《家园——文化建设论纲》（与孙伟平、孙美堂合著，黑龙江教育出版社2000年版）获第五届国家图书奖提名奖；《新价值论》（云南人民出版社2004年版）获北京市第九届哲学社会科学优秀成果奖二等奖；《精神家园：新文化论纲》（黑龙江教育出版社2010年版）作为国家"中华学术走出去"项目，由国际Springer出版集团在国外出版发行英文版。主编12套书籍，其中《人生价值丛书》（11册，河北人民出版社1996年版）获"五个一工程"奖；《马克思主义哲学范畴研究》（中国社会科学出版社2010年版）获第六届吴玉章人文社会科学优秀奖。发表了一百一十余篇论文，包括《法治文化论纲》（载《中国政法大学学报》2007年第1期）、《怎样看"普世价值"?》（载《哲学研究》2011年第1期）、《价值思维的主体性原则及其意义》（载《湖北大学学报（哲学社会科学版）》2013年第4期）、《公平是一种实质正义——兼论罗尔斯正义理论的启示》(载《哲学分析》2015年第5期)、《价值独断主义的终结——从"电车难题"看桑德尔的公正论》(载《哲学研究》2017年第2期)等。

李德顺兼任中国辩证唯物主义研究会副会长、中国价值哲学研究会会长、北京市哲学会副会长、中华炎黄文化研究会理事、中国行为法学会学术委员会委员等,并在国内多所高校和科研机构被聘为客座教授、特聘研究员,被多家期刊杂志聘为编委。

图2-30:应松年
(1936.11.13—)

应松年[1] 1936年11月出生于浙江宁波。1956年9月进入上海社会科学院(现华东政法大学前身之一)学习,1960年7月本科毕业后被分配到新疆生产建设兵团农四师十团任文教。1973年10月调入新疆伊犁州第七中学任教,1976年4月调任伊犁州文教局调研室负责人。1981年6月,到西北政法学院宪法教研室从事行政法教学工作,期间1982年夏被借调到司法部法学教材编辑部,参加行政法统编教材的撰写编辑工作。

应松年1983年被借调到中国政法大学,参与筹备研究生院,成立行政法教研室,组建行政法学科点,先后任导师组副组长、组长。1984年正式调入中国政法大学,同时兼任西北政法学院行政法课程任课教师。1985年组

---

〔1〕应松年部分主要参考资料:应松年口述、何海波整理:《与法同行》,中国政法大学出版社2015年版。中国政法大学档案馆馆藏文书档案《中共中国政法大学委员会关于应松年同志免职的通知》〔党字(95)第57号〕、《中国政法大学关于聘任应松年等四位同志正处级行政管理职务的决定》〔校字(95)第079号〕等。《应松年》(简介),载中国政法大学法治政府研究院网站,https://fzzfyjy.cup1.edu.cn/info/1030/1329.htm,最后访问日期:2024年7月30日。

织承办司法部委托的"行政法师资进修班",9月任研究生院教务处副处长。1987年4月任中国法制研究所副所长。1991年11月获评教授。1993年招收行政法博士研究生,同年创办《行政法学研究》期刊。1995年4月任中国法制研究所所长,10月调至国家行政学院担任法学教研部主任,同时兼任中国政法大学博士生导师、兼职教授。2009年4月返回中国政法大学。

应松年主要研究领域为行政法学理论。主持完成了"行政行为法研究""行政程序立法""行政组织法研究""行政诉讼法修改""行政复议法修改"等多项重大研究课题。发表文章三百余篇,部分收录于《中国走向行政法治探索》(中国方正出版社1998年版)和《应松年文集》(中国法制出版社2006年版)。撰写和主编著作数十种,主要有《行政法概要》(参编,法律出版社1984年版)、《行政法总论》(合著,工人出版社1985年版)、《行政管理学》(1986年2月北京师范学院出版社第1版,1996年修订)、《行政法学教程》(中国政法大学出版社1988年版)、《行政行为法》(人民出版社1993年版)、《行政法学》(合著,中国政法大学出版社1993年版)、《国家赔偿法研究》(法律出版社1995年版)、《比较行政程序法》(中国法制出版社1998年版)、《外国行政程序法汇编》(中国法制出版社1998年版)、《行政程序立法研究》(中国法制出版社2001年版)、《行政法学新论(第三版)》(中国方正出版社2004年1月版)、《当代中国行政法》(中国方正出版社2005年版)、《行政诉讼法学》(中国政法大学出版社2011年版)等。

应松年先后组织或参与《行政诉讼法》《国家赔偿法》《行政处罚法》《立法法》《行政许可法》《行政强制法》等法律的研究起草工作,倡导制定《行政程序法》,主持起草《行政程序法(专家试拟稿)》,组织修改《行政诉讼法》《行政复议法》。参与发起和组织东亚行政法学会、海峡两岸行政法研讨会等定期学术交流机制。

应松年当选第九、十届全国人大代表,内务司法委员会委员,全国人大常委会法工委行政立法研究组副组长,北京市第十、十一、十二、十三届人

情怀法大

大代表、法制委员会副主任等。兼任中国行政法学研究会名誉会长和学术委员会主任，国家减灾委员会专家委员会成员，中国法学会理事及学术委员会委员，最高人民法院、最高人民检察院、公安部特约咨询员、特约监督员，北京市、天津市等政府及部门顾问等。曾任中国行政管理学会副会长、中国监察学会副会长、中国卫生法学会副会长等职。曾两度获北京市优秀教师奖，并获中央国家机关"五一劳动奖章""百名法学家百场报告会最佳宣讲奖"，获评"2006 年度法治人物"、全国杰出资深法学家等称号。

第三节　中国政法大学元老教师和学科建设开创者

2002 年 5 月 3 日，中国政法大学建校 50 周年之际，经校学术委员会认定和学校批准，授予 15 位曾经为法大的建设事业作出开拓性贡献的教师"元老教师"荣誉称号，分别为：卢一鹏、何秉松、张浩、杨鹤皋、陈光中、陈志平、罗典荣、苗巍、高潮、曹子丹、潘华仿、杨达、崔衍勋、解润滋、戴铮；[1]授予 11 位对学校学科建设作出开创性贡献的教师"学科建设开创者"荣誉称号，分别为：王名扬、宁致远、江平、张晋藩、陈光中、巫昌祯、罗大华、徐杰、高潮、曹子丹、潘汉典。[2]

〔1〕 陈光中相关介绍参见"终身教授"部分。
〔2〕 江平、张晋藩、陈光中相关介绍参见"终身教授"部分；高潮、曹子丹相关介绍参见"元老教师"部分。

一、元老教师

卢一鹏[1]　曾用名卢昆、陆昆，1925 年
3 月出生于河南开封。1944 年进入西南联大
学习，1945 年转入在成都办学的燕京大学，
1947 年转入北京大学经济系，1948 年 6 月毕
业。1948 年 7 月至 9 月在泊头华北局城工部工
作，10 月至 12 月在平山华北党校直属班学习。
1949 年 1 月到华北革大工作，先在第三部任秘
书、干事，后在政治研究院任秘书、秘书室副
主任。

卢一鹏 1952 年 10 月由华北革大分配到北
京政法学院任教，1956 年评为讲师。1952 年至
1972 年期间，曾任北京政法学院理论辅导组辅

图 2-31：卢一鹏
（1925.03.15—2014.09.03）

导员、苏联专家工作组组长、学术委员会委员、政治经济学教研室副主任、党
委办公室副主任、北京政法学院党委委员兼党组秘书、院长办公室秘书、宣
传科副科长等职。1972 年 6 月至 1978 年 7 月，任安徽农学院办事组组长兼马
列主义教研室主任，1978 年至 1979 年在中央党校政治经济学教研室任教员。
1979 年返回北京政法学院执教，任政治经济学教研室副主任并开始招收研究生，
1980 年晋升为副教授，北京政法学院学术委员会委员，中国政法大学学术委员
会委员，1987 年晋升教授并离休。

卢一鹏著有《刘少奇同志建国后的功绩不容抹煞》（载《北京政法学院学
报》1980 年第 1 期）、《思想战线上的一场严重斗争》（载《中国政法大学学
报》1983 年第 4 期）、《正确处理劳改经济若干矛盾的问题》（载中国政法大

---

〔1〕卢一鹏部分主要参考资料：中国政法大学档案馆馆藏文书档案《教学人员情况简表》、
《1979 年招收研究生指导教师（指导小组组长）简况表》、《通知》（关于教研室及各处负责人任命情
况，院发字第一号，1957 年 4 月 12 日）等。

立德树人∴法治之路上的法大前辈

学劳动改造法学教研室:《劳动改造法学教学参考资料 (第 4 辑·下)》, 1985 年,第 380—381 页);主编《政治经济学讲义》(中国政法大学函授部 1984 年版)、《劳动改造法学教学参考资料 (第 4 辑·下)》(中国政法大学劳动改造法学教研室,1985 年)、《政治经济学教程》(中国政法大学出版社 1986 年版) 等。

图 2-32:何秉松
(1932.01.19—2019.02.11)

何秉松[1] 1932 年 1 月生于广西桂平。1949 年考入北京大学,1952 年毕业后分配到北京政法学院任教。1952 年起先后在理论辅导组、经济建设教研室、民刑法教研室、刑法教研室工作。1972 年 9 月至 1979 年 2 月,在四川八七县地区财贸干校任教。北京政法学院复办后调回刑法教研室任教,1979 年开始招收硕士研究生。曾任中国政法大学刑事法律研究中心副主任、恐怖主义与有组织犯罪研究中心主任、伪劣商品犯罪预防与控制研究中心主任。2002 年退休。

何秉松曾讲授"中国刑法""西方刑法""刑事政策"等课程,20 世纪 50 年代开始从事刑法理论研究,参加了当时的刑事立法工作。发表《试论我国刑法的民主原则》(载《法学研究》1980 年第 4 期);20 世纪 80 年代—90 年代创立"犯罪构成系统论"和"人格化社会系统责任论"。著有《资产阶级的犯罪构成理论》(载《法学研究》1985 年第 3 期)、《建立具有中国特色的犯罪构成理论新体系》(载《法学研究》1986 年第 1 期)、《刑法教程》

---

〔1〕 何秉松部分主要参考资料:中华人民共和国人事部专家司编:《中华人民共和国享受政府特殊津贴专家、学者、技术人员名录 (1992 年卷第 3 分册)》,中国国际广播出版社 1996 年版。《何秉松教授生平事迹简介》,载中国政法大学刑事司法学院网站,xssfxy.cup1.edu.cn/info/1007/5042.htm,最后访问日期:2024 年 7 月 30 日。

（合著，法律出版社 1987 年版）、《法人犯罪与刑事责任》（中国法制出版社 1991 年版）、《刑法教科书》（中国法制出版社 1993 年版）、《犯罪构成系统论》（中国法制出版社 1995 年版）、《有组织犯罪研究（第一卷）》（中国法制出版社 2002 年版）等，主编《刑事政策学》（群众出版社 2002 年版）、《税收与税收犯罪》（中信出版社 2004 年版）、《新时代曙光下刑法理论体系的反思与重构：全球性的考察》（中国人民公安大学出版社 2008 年版）、《中俄犯罪构成理论比较研究》（法律出版社 2008 年版，有俄文版）、《全球化时代犯罪与刑法新理念（上下卷）》（中国民主法制出版社 2011 年版，有英文版）等，多本书籍被译成外文出版。在中国、日本、美国、俄罗斯等杂志上发表了 30 多篇论文，译有《苏联保护经济利益的刑法方法》（载《法学译丛》1986 年第 2 期）、《犯罪与现代化》（中央编译出版社 2001 年版）。2009 年创立全球化时代犯罪与刑法国际论坛（IFCCLGE）。

何秉松 20 世纪 50 年代开始担任兼职律师，曾在审判日本战犯案件和审判林彪集团案件中担任律师。曾任山东大学特聘教授、博士生导师、刑事法律研究中心主任，西南科技大学教授、法学学科顾问，法制日报法学专家顾问团成员，美国《有组织犯罪趋势》杂志（Trerds In Organized Crime）顾问，法国培训和战略研究高级委员会特聘专家、欧洲警察组织特聘专家、世界反非法交易组织基金会理事、"技术反对犯罪"（TAC）国际论坛科学委员会委员。2010 年，获得法国总统授予的法国荣誉军团勋章。

情怀法大

图2-33：张浩
（1929.11.06—）

张浩[1]　字建仁，号友之，1929年11月生于湖南永州。1952年院系调整前在北京大学法律系学习，1952年院系调整时并入北京政法学院，入学后同时在理论辅导组（资料组）从事教学辅导工作，1953年毕业正式留校工作，先后在国家理论和政策法律教研室、国家法律教研室、国家法权理论与国家法权史教研室、国家与法的理论教研室执教。北京政法学院撤销期间，1976年7月至1979年6月在北京师范大学任教，北京政法学院复办后回校工作，曾任北京政法学院国家与法的理论教研室负责人、研究生法理学专业导师组长、学术委员会委员，1979年开始招收硕士研究生。中国政法大学成立后，任法学理论教研室主任。1995年退休。

张浩从事法理学教学研究，曾讲授"马克思列宁主义国家与法权理论"等课程，1955年11月至1956年12月开展"人民民主法制在保证我国社会主义建设中的重要作用"科学研究工作。主编或参编了《马克思列宁主义国家与法的理论》（北京政法学院1963年版）、《法学基础理论》（中国政法大学出版社1985年版）等法理学教材和《政治常识》（北京出版社1978年版）、《科学社会主义》（吉林人民出版社1980年版）等书籍。

张浩发表了《我国社会主义法在人民民主专政中的地位和作用》（载《政法研究》1962年第4期）、《论社会主义民主的实质》（载《北京政法学院学报》1979年第1期）、《略论政策与法律的关系》（载《北京政法学院学报》1982年第1期）、《论加强法制和道德建设》（载《中国政法大学学

---

〔1〕　张浩部分主要参考资料：孙琬珍主编：《中国法律年鉴1987—1997》，中国法律年鉴社1998年版。陈世明主编：《中国当代教育名人大辞典》，陕西师范大学出版社1994年版。王玉明主编：《中国法学家辞典》，中国劳动出版社1991年版。中华人民共和国高等教育部编：《1956年全国高等学校科学研究题目汇编》，高等教育部1956年版。

报》1983 年第 3 期）、《论法的阶级性与社会性》（载《政法论坛》1986 年第 1 期）、《论我国党政关系的法律化制度化》（载《政法论坛》1988 年第 4 期）、《关于法的本质属性的几个问题》（载《政法论坛》1988 年第 2 期）、《论完善我国的权力制约》（载《政法论坛》1990 年第 5 期）、《简论法制与法治》（载《中国法学》1993 年第 3 期）等文章。

张浩曾任中国法学会法学基础理论研究会副总干事。

杨鹤皋[1] 又名克奇，1927 年 8 月生于湖南长沙。1947 年于长沙明德中学高中部学习，1949 年 5 月参加中共中央中原局组织部城工科驻长沙地下组织，任长沙市学联副主席。1950 年 9 月考入北京大学法学院，1952 年院系调整时并入北京政法学院，入学后同时在理论辅导组（资料组）从事教学辅导工作。1953 年 8 月提前毕业正式留校工作，先后在经济建设问题教研室、经济建设教研室、马克思主义基础与政治经济学教研室、马列主义基础教研室任教师，后到图书馆工作。北京政法学院撤销时期在

图 2-34：杨鹤皋
（1927.08.30—）

北京六十四中教课，北京政法学院复办后返校，在国家与法的理论教研室任教。中国政法大学成立后，在法律系法律思想史教研室任教。1992 年离休。

杨鹤皋主要从事中国法律思想的研究，曾主讲"马列主义基础""中国法律思想史""先秦法律思想史""中国封建法律思想史"等课程；北京政法

---

　　[1] 杨鹤皋部分主要参考资料：王玉明主编：《中国法学家辞典》，中国劳动出版社 1991 年版。中国政法大学档案馆馆藏资料《关于更改杨鹤皋同志参加革命工作时间的决定》《风雨同舟五十年——访我校建校时教师之一杨鹤皋教授》。

立德树人∷法治之路上的法大前辈

学院复办后创建我校"中国法律思想史"课程。与张国华、李光灿教授等重新建立"中国法律思想史"学科，在中国政法大学创建"中国法律思想史"硕士点，1983年开始招收硕士研究生，中国法律思想史专业研究生导师组成员，曾任校学术委员。

杨鹤皋著有《贾谊的法律思想》（群众出版社1985年版）、《董仲舒的法律思想》（群众出版社1985年版）、《商鞅的法律思想》（群众出版社1987年版）、《先秦法律思想史》（中国政法大学出版社1990年版）、《魏晋隋唐法律思想研究》（北京大学出版社1995年版）、《新编中国法律思想史》（安徽大学出版社1997年版）、《中国犯罪预防通鉴·中国预防犯罪史》（人民法院出版社1998年版）、《中国法律思想通史多卷本（唐初部分）》（山西人民出版社2000年版）、《春秋战国法律思想与传统文化》（繁体字本，2001年台北出版）、《宋元明清法律思想研究》（北京大学出版社2001年版）、《中国法律思想通史》（湘潭大学出版社2011年版）、《新编中国法律思想史》（中国政法大学出版社2020年版）、《春秋战国法律思想与传统文化》（中国政法大学出版社2022年版），编写《古代政法文选》（北京政法学院刊印，1979年），主编或参编《中国法律思想史》（法律出版社1982年版，北京大学出版社1988年版，台北汉兴书局1998年版，北京大学出版社2001年光盘版）、《中国法律思想史资料选编》（法律出版社1983年版）、《孔子法律思想研究》（山东人民出版社1986年版）、《中国法律思想史简明教程》（山东人民出版社1986年版）等。

杨鹤皋发表了《试论韩非的法治理论》（载《北京政法学院学报》1979年第1期）、《董仲舒政治法律思想简论》（载《北京政法学院学报》1981年第1期）、《评李斯政治法律思想》（载《学习与探索》1981年第5期）、《略论秦始皇的法律思想》（载《北京政法学院学报》1982年第2期）、《商鞅论法》（载《政法论坛》1984年第2卷第2期）、《墨子法律思想述评》（载《法学杂志》1984年第11期）、《儒家的"三纲"及其对封建法律的影响》（载《中国法学》1986年第2、3期）、《商鞅的预防和治理犯罪思想》（载《政法论坛》1998 年第 1 期）等学术论文。

　　杨鹤皋 1983 年至 1986 年任中国法律史学会秘书长，参与创建中国法律思想史研究会和中国法制史研究会，曾任中国法律思想史研究会副会长、中国法律史学会常务理事兼秘书长，南开大学法学研究所兼职研究员及法律史研究室主任，中国人民公安大学兼职教授，东吴比较法研究所客座研究员等职务。

　　陈志平[1] 　1930 年 12 月生于印度尼西亚，1950 年被清华大学政治系录取，1952 年随院系调整到北京政法学院学习，1953 年提前毕业，先在马列主义教研室任教，后到中共党史、哲学教研室党史组，约 1955 年到中共党史与哲学教研室，1956 年到中共党史教研室任教。1956 年至 1958 年在中国人民大学研究班中共党史专业学习。1959 年至 1971 年，在北京政法学院附属中学担任中国近代史教员，1972 年至 1978 年在北京第八十中学教书。北京政法学院复办后，回到北京政法学院党史教研室任教，1983 年任北京政法学院党史教研室主任，后任中国政法大学政

图 2-35：陈志平
（1930.12.31—2015.11.12）

治系党史教研室主任兼行政管理教研室主任，1987 年 7 月至 1994 年 6 月任政治系（政治与管理系）副主任，1986 年至 2002 年间担任中国政法大学侨联主席，2003 年至 2015 年担任侨联副主席。

―――――――――

　　〔1〕　陈志平部分主要参考资料：中华人民共和国人事部专家司编：《中华人民共和国享受政府特殊津贴专家、学者、技术人员名录（1992 年卷 第 3 分册）》，中国国际广播出版社 1996 年版。《北京地区普通高等学校教授人名录》编写组编：《北京地区普通高等学校教授人名录》，高等教育出版社 1995 年版。陈俊生、刘国光主编：《中国城市经济社会年鉴 1991》，中国城市出版社 1991 年版。中华人民共和国高等教育部编：《1956 年全国高等学校科学研究题目汇编》，高等教育部 1956 年版。

陈志平主要从事中国革命史、行政管理学、国家公务员制度及党的建设等教学和科研工作，曾讲授"中共党史""党的建设""中国革命与建设""调查研究""行政管理学""共产主义思想品德"等课程。

陈志平主要著作有《中国革命史简明教程》（中国政法大学出版社 1988 年版）、《中国行政管理学教程》（中国政法大学出版社 1990 年版）、《机关事务管理》（中国军地两用人才大学 1990 年版）、《马克思主义著作选读》（高等教育出版社 1992 年版、中国政法大学出版社 1993 年版）、《行政管理学》（北京工业大学出版社 1995 年版）、《中国行政管理学》（中国政法大学出版社 1995 年版）等教材和书籍；主编了《毛泽东思想概论自学考试应试辅导与题解》（现代出版社 2000 年版）、《中国革命史 第 3 版》（中国政法大学出版社 2006 年版）；审稿《中国革命与建设史》（中国政法大学出版社 1996 年版）。

陈志平 1983 年当选北京市第八届人大代表，曾任中国行政管理学会理事，全国行政管理教学研究会副秘书长，北京党史协会理事、北京侨联理事等职务。

图 2-36：罗典荣

（1922.03.23—2007.05.12）

罗典荣[1] 1922 年 3 月出生，广东省梅县人。1942 年 9 月入广西大学机械工程系学习。1943 年 5 月转入云南昆明航空学校，同年 9 月入西南联大政治学系。1946 年 10 月转入清华大学政治学系，1947 年 7 月毕业。1947 年 10 月至 1949 年 4 月在南京中央研究院社会研究所任助理研究员。1949 年 4 月至

---

〔1〕 罗典荣部分主要参考资料：《"老右派"申报正教授，焕发青春》，载何季民编著：《说不尽的人生考场》，昆仑出版社 2012 年版。王玉明主编：《中国法学家辞典》，中国劳动出版社 1991 年版。舒德智主编：《全国主要报刊法学资料索引 1950 年—1981 年》，西南政法大学图书馆 1982 年（非出版物）。

1951 年 11 月在南京中国科学院社会研究所任助理研究员，期间 1950 年 4 月至 12 月，参加北京华北革大政治研究院学习。1951 年 11 月至 1952 年 10 月，在北京大学任教，期间参加了中央政法干校第一期干训班学习。1952 年 11 月调至北京政法学院，先后任经济建设问题教研室、经济建设教研室、马列主义基础与政治经济学教研室、马列主义基础教研室教员，1956 年评为讲师，同年被增补为北京政法学院学术委员会委员。北京政法学院撤销期间，先后在安徽池州师范学校、北京中科院环境化学研究所任教。1979 年 1 月返回北京政法学院，在科研处工作，从事环保法研究，1983 年开始招收硕士研究生，任环保法专业导师组组长。1988 年 11 月退休。

罗典荣 20 世纪 50 年代，曾讲授"中国经济建设""马列主义基础""专业英语"课程，1979 年后讲授教师班"法学专业英语"课程，以及"环境法""森林法""自然资源法""环境管理"等课程。1983 年至 1987 年，多次参加《环境保护法》《水法》《城市规划法》等环境保护法的制定修改工作。

罗典荣主编《环境法导论》（中国政法大学出版社 1988 年版）、《最新涉外经济法律实务手册》（中国经济出版社 1992 年版）、《法学英语读本》（法律出版社 2004 年版）等教材和书籍，担任《简明不列颠百科全书》（中国大百科全书出版社和美国不列颠百科全书公司合作出版，1985 年—1986 年）中文版法学部分责任主编，翻译了《英国青少年法》（载《外国保护青少年法规与资料选编》，群众出版社 1981 年版），校对《欧洲九国公司法》（中国政法大学出版社 1988 年版）等书籍。发表了《政党的作用》（载《世纪评论》1948 年第 3 卷第 5 期）、《怎样才能展开社会科学的研究工作？》（合著，载《科学通报》1951 年第 7—12 期）、《要用法律办法保护首都环境》（载《人民日报》1980 年 10 月 30 日第 5 版）、《我国需要实行专利制度》（载《民主与法制》1980 年第 8 期）、《关于健全环保法治的几点想法》（载《人民日报》1981 年 3 月 9 日第 2 版）、《环境、环境问题与环境保护法》（载《中国政法大学学报》1983 年第 3 期）、《加速我国环境立法的几个问题》（载

《环境保护》1986 年第 1 期）等论文。

罗典荣曾任中国环境科学学会理事、北京市法学会理事等职务，兼任《国外法学》编委。

图 2-37：苗巍

（1926.01.03—2017.05.14）

苗巍[1] 曾用名苗邦堃，1926 年 1 月出生，籍贯河北乐亭县。1944 年 9 月入辅仁大学物理系学习，1945 年 9 月在河北乐亭县担任小学教员，1947 年 4 月至 7 月回辅仁大学继续学习，9 月到天津汉沽中学做教员，1948 年 11 月在汉沽参加革命。1949 年 3 月至 5 月在正定华北大学学习，后任华北大学政治研究所秘书、干事，1950 年 4 月调至华北革大政治研究院组织科工作。1952 年 10 月调入北京政法学院，先后在理论辅导组、国家理论和政策法律教研室、民刑法教研室、民法教研室、民诉教研室工作。1955 年 9 月就读北京政法学院研究生班民诉组，1957 年 7 月毕业。毕业后到刑诉教研室工作，任《政法教学》编委会委员。1961 年任民刑法教研室刑法教研组组长。北京政法学院撤销期间，在北京留守处等待分配，至 1978 年复校。1979 年 3 月任北京政法学院刑法教研室负责人、教务处负责人，当年开始招收研究生，后任中国政法大学教务处处长。1986 年离休。

苗巍主讲过"婚姻法""苏联民事诉讼法""中国民事诉讼法""中国刑事政策法律"等课程，并参与编写《中华人民共和国政策法律课学习参考资料》（北京政法学院政策法律课教研室，北京政法学院 1960 年版）、《政策法律学习文件》（北京政法学院政策法律课教研室，北京政法学院 1961 年版）、

---

〔1〕 苗巍部分主要参考资料：中国政法大学档案馆馆藏资料《教职工履历表》（1957 年）。

《政策法律课讲义》（北京政法学院政策法律课教研室，北京政法学院 1961 年版）、《中华人民共和国刑法讲义》（分则部分，北京政法学院 1981 年版）、《青少年犯罪及其预防》（群众出版社 1981 年版）等课程教材和资料。

　　高潮[1]　原名马骥，曾用名马玉章、巨澜，1922 年 8 月出生，河北吴桥人。1944 年考入在四川三台县的东北大学文学院历史系。1945 年参加中国共产党南方局领导的民主青年社（后为"民主青年同盟"），边学习边参加抗日反蒋斗争。1947 年受党组织委派，开辟通往解放区的新路线，到达解放区后被送到北方大学文教学院学习并于 1948 年毕业，北方大学和华北联合大学合并成立华北大学后，到华北大学哲学研究室做见习研究员，从事中国近代史研究工作。1950 年 4 月，调至华北革大任政治研究院教育委员，10 月起任教研室研究员。

图 2-38：高潮
（1922.08.11—2019.05.27）

　　1952 年，高潮分配至北京政法学院理论辅导组工作，1953 年至 1958 年 8 月，先后在国家理论和政策法律教研室、民刑法教研室、民法教研室任教，1955 年以民法教员身份任北京政法学院学术委员会委员，1955 年至 1956 年开展了"预购合同与结合合同的初步研究"。1957 年任民法教研室副主任。1958 年 8 月到语文教研室任教，后任教研室副主任、支部副书记。1972 年 8

---

　　〔1〕高潮部分主要参考资料：王玉明主编：《中国法学家辞典》，中国劳动出版社 1991 年版。中国政法大学图书馆、中华全国法制新闻工作者协会编：《全国法制报刊手册（1990）》，中国政法大学出版社 1991 年版。杨家骥、黄江：《迟暮犹欲探琼花——访中国政法大学高潮教授》，载《行政与法》1988 年第 6 期。中国政法大学档案馆馆藏资料《通知》（关于教研室及各处负责人任命情况，院发字第一号，1957 年 4 月 12 日）。中华人民共和国高等教育部编：《1956 年全国高等学校科学研究题目汇编》，高等教育部 1956 年版。

月至 1979 年 3 月，在河北师范学院工作，任中文系古典文学教研室副主任兼学报编委会主任和编辑部主任。1979 年 3 月，调回北京政法学院汉文教研室，先后任教研室负责人、中国政法大学语文教研室主任、原《中国政法大学学报》[1]编辑部主编、中国政法大学法律古籍整理研究所所长、学位委员会委员等。1992 年离休。

高潮从事法律语言学、法律古籍等教学与研究，任北京政法学院语文教研室负责人期间主编司法部统编教材《语文教程》，结束了政法院校语文教育教材与法学相脱节的历史。被推选为中国政法大学中国法律思想史硕士导师组成员、中国法律文献古籍研究生导师组组长并参加中国法制史博士生导师组工作，主编或参编了《古代判词选》（群众出版社 1981 年版）、《中国历代法学文选》（法律出版社 1983 年版）、《中国古代法学词典》（南开大学出版社 1989 年版）、《秘书学》（中国政法大学出版社 1989 年版）、《行政监察概论》（中国政法大学出版社 1989 年版）、《中华律令集成：清卷》（吉林人民出版社 1991 年版）、《中国法制古籍目录学》（北京古籍出版社 1993 年版）、《当代法律典型案例精析》（中国政法大学出版社 1994 年版）、《中国历代刑法志译注》（吉林人民出版社 1994 年版）等专著，发表《中国古代法学目录试编》（载《中央政法管理干部学院学报》1988 年第 1 期）、《铜器铭文中的法律史料》（合写，载《中国法学》1988 年第 5 期）、《简牍法律史料探原》（合写，载《政法论坛》1988 年第 5 期）、《简牍法律史料探原》（合写，载《政法论坛》1988 年第 5 期）、《建国以来新发现的石刻中的法律史料述略》（载《西北政法学院学报》1989 年第 6 期）等法律史论文。

高潮曾任国家教委古籍整理工委会委员、司法部职称评审委员会委员、中共中央办公厅秘书局法律顾问、卫生部法律顾问、中国写作学会副会长、司法与行政文书研究会会长、华夏研究院法律文化与法制发展

---

〔1〕 1979 年创刊，时名为《北京政法学院学报》，1985 年 7 月更名为《政法论坛》。

战略研究所特约研究员、新闻出版专业评委会主任、《司法文书与公文写作》主编等职务。

曹子丹[1]　原名曹崇禧，1929年3月出生于湖南省永兴县。1950年考入北京大学政治系，1952年随院系调整到北京政法学院，1953年提前毕业并留校任教，同时参与53级调干班二班管理工作。1954年，经过选拔考试到北京外国语学院俄文专科班学习1年俄文，1955年9月赴列宁格勒大学（即圣彼得堡大学）研究生院专攻刑法。1959年，获得苏联法学副博士学位，回到北京政法学院任教。北京政法学院撤销期间，先后在安徽劳动大学、广西大学工作。北京政法学院复办后回校继续任教，1979年开始招收研究生。1983

图 2-39：曹子丹
（1929.05.06—2019.07.04）

年担任北京政法学院刑法教研室主任、刑法研究生指导小组副组长，中国政法大学学术委员会委员。1985年5月13日起任中国政法大学法律系首任系主任，1987年10月12日起任研究生院常务副院长。1994年离休。

曹子丹曾讲授"中共党史""中国刑法""苏东刑法""刑法专业外语"等课程。1965年参加编写《政法业务讲义》刑法部分，20世纪80年代初期编写、翻译了大量教学用书，如《刑法学》（法律出版社1982年版）、《外国刑法研究资料》（合著，中国政法大学出版社1983年版）、《法学概论》（北京师范大学出版社1986年版）、《刑法学教程》（中国政法大学出

---

〔1〕　曹子丹部分主要参考资料：曹子丹：《曹子丹文集：关于刑法的问题》，中国政法大学出版社2009年版。颜九红：《淡定从容　大贤若水——记中国著名刑法学家曹子丹》，载《湘潮》2007年第6期。王玉明主编：《中国法学家辞典》，中国劳动出版社1991年版。中国政法大学档案馆馆藏文件《关于曹子丹等同志任职的通知》《关于曹子丹、程味秋任免职的通知》。

版社 1988 年版）等。撰写或参编、合著著作达 30 余部，主编了《犯罪构成论》（法律出版社 1987 年版）、《刑法专论》（北京大学出版社 1989 年版）等书籍，参加了《青少年犯罪及预防》（群众出版社 1986 年版）、《刑事法学大辞书》（南京大学出版社 1989 年版）等书的编写工作，参与《苏联刑法科学史》（法律出版社 1984 年版）、《苏维埃刑法总论》（群众出版社 1987 年版）、《定罪通论》（展望出版社 1989 年版）等书的翻译和校审。发表了《谈谈政法教学为政治服务的几个问题》（载《政法研究》1962 年第 2 期）、《谈谈犯罪和阶级斗争的关系》（载《政法研究》1964 年第 1 期）、《关于马克思主义犯罪观的几个理论问题（上、下）》（载《中国政法大学学报》1983 年第 3、4 期）、《苏联东欧刑法中犯罪概念的几个问题》（载《法学研究》1986 年第 6 期）、《刑法学研究方法刍议》（载《中国法学》1988 年第 3 期）等学术文章。

　　曹子丹曾任全国人大常委会法制工作委员会刑法立法专家组成员，参加了关于惩治贪污罪、贿赂罪、走私罪等在内的近 20 个刑法补充规定草案稿的讨论与审定，参与 1997 年修订刑法的论证工作。曾任中国法学会第一、二、三届理事，中国刑法学研究会第一、二、三届副会长，国际刑法学协会中国分会秘书长、中国社科院法学研究所学术委员会委员、中国高级检察官培训中心委员会委员、中国犯罪学研究会咨询委员、中华全国律师协会刑事业务委员会顾问、中国人民大学国际刑法研究所特约研究员等职务。

潘华仿[1] 1924 年 4 月生于湖北汉川。1946 年 11 月起在湖北武昌省立大学先修班学习，1947 年 10 月考入北京大学化学系，1949 年 9 月转入政治系国际政治专业，1952 年 7 月毕业后留校任助教。1952 年 9 月到北京政法学院研究室马列主义组任辅导员，1953 年在经济建设问题教研室工作，之后先后在国家法律教研室、国家法权理论与国家法权史教研室、国家与法的历史教研室任教，期间曾做留苏预备生。1954 年 10 月，当选为共青团北京政法学院委员会委员。1959 年 11 月调至国务院政法办公室秘书组工作，1962 年

图 2-40：潘华仿
（1924.04.03—2010.08.22）

1 月调回北京政法学院国家与法的历史教研室，先后兼任教研室党支部副书记、教研室副主任。1976 年 12 月至 1978 年 11 月，在北京经济学院任教。1979 年调回北京政法学院国家与法的历史教研室，当年开始招收硕士研究生，1983 年任研究生导师组外国法制史专业副组长，后任组长。1987 年离休。

潘华仿 20 世纪 50 年代曾为本科生讲授"国家与法权通史"课程，之后讲授过"外国国家与法的历史""外国法制史"及研究生专业外语等课程。撰写了《英美法论》（中国政法大学出版社 1997 年版），合著《当代世界政治思潮》（黑龙江人民出版社 1987 年版）、《外国法律简史》（法律出版社 1987 年版）、《外国法制史纲》（中国政法大学出版社 1988 年版）、《外国监狱史》（社会科学文献出版社 1995 年版）等书籍，审校译作《美国法律史》

---

〔1〕 潘华仿部分主要参考资料：曾尔恕：《与法大结缘的四十年》，载米莉、李叶主编：《政法往事 第二辑》，中国政法大学出版社 2022 年版。林海：《潘华仿：从化学系学生到法制史教授》，载《检察日报》2018 年 8 月 14 日，第 3 版。王玉明主编：《中国法学家辞典》，中国劳动出版社 1991 年版。

立德树人：法治之路上的法大前辈

（中国政法大学出版社 1989 年版）。

潘华仿发表了《关于法国资产阶级革命中雅各宾派的性质问题》（载《历史教学》1955 年第 8 期）、《英国国会制的起源及其阶级本质》（载《政法教学》1957 年第 1 期）、《略论美国最高法院的宪法解释权》（载《法律史论丛》1981 年第 1 期）、《英吉利法的渊源》（载《北京政法学院学报》1983 年第 2 期）、《简评社会法学派》（载《政法论坛》1985 年第 3 期）、《英国产品责任法简介》（载《社会科学》1985 年第 10 期）、《美国的破产法》（载《政法论坛》1986 年第 6 期）、《美国与西欧国家公司法的比较》（载《比较法研究》1988 年第 2 期）、《美国统一合伙法》（载《比较法研究》1989 年第 2 期）、《略论美国宪法的联邦主义原则和法律体系》（载《比较法研究》1994 年第 Z1 期）等学术论文。

图 2-41：杨达

（1925.04.04—2014.01.22）

杨达[1]　曾用名杨长兰、张达，1925 年 4 月出生，山西省寿阳县人。1940 年在抗日民族革命学校学习，1944 年 9 月在寿阳县二区参加革命工作。1945 年至 1948 年在寿阳县政府工作，曾任寿阳县二区公社民政助理员、寿阳县委宣传部宣传干事、寿阳县委秘书、寿阳县三区区委书记、寿阳县二区区委书记、寿阳县四区土改工作队队长。1948 年 6 月至 1949 年 1 月在河北省平山县华北局党校学习，1949 年 3 月到华北革大三部工作，先后任三部二七班组织干事、保卫委员，政治研究院三班保卫委员、六班副主任。

---

　　〔1〕杨达部分主要参考资料：中国政法大学档案馆馆藏资料《教职工履历表》（1957 年）、《通知》（关于教研室及各处负责人任命情况，院发字第一号，1957 年 4 月 12 日）。

杨达 1952 年 9 月分配至北京政法学院，任 1952 级专修科二班班主任，1954 年到国家法律教研室任教，1955 年任国家法与行政法规教研室秘书，1956 年改任国家法教研室秘书并被增补为学术委员会委员，1957 年任国家法教研室副主任，1959 年在北京政法学院第三次党代会上当选为党委委员，后任北京政法学院革命委员会常委。1975 年 10 月任北京医学院图书馆负责人。1979 年调回北京政法学院国家法教研室并担任负责人，同年开始招收研究生。1981 年任北京政法学院教务处副处长。1987 年离休。

杨达曾在 20 世纪 50 年代为本科生教授"中华人民共和国宪法""中国国家法"课程，1955 年至 1956 年开展了"工人阶级是我们国家的领导阶级"研究。参编《中华人民共和国宪法讲义》（北京政法学院国家法教研室 1980 年版）、《行政法概要》（北京政法学院国家法教研室 1982 年版）、《宪法学》（中国政法大学 1983 年版）等书籍。

崔衍勋[1] 1914 年 9 月出生，山东省阳谷县侯海村人。1938 年 10 月加入中国共产党，1939 年 12 月在阳谷四区参加革命工作，任抗日四区文书、县委宣传部干事，1941 年至 1943 年打入敌伪工作，1944 年至 1948 年任阳谷县抗日第三高小校长、区委书记。1945 年至 1947 年期间，参与土改工作。1948 年到华北局党校学习；1949 年 2 月起任华北革大三部组织科员、副班主任，政治研究院副班主任、班主任。

1952 年 10 月崔衍勋调配到北京政法学院工作，1953 年任教务处教育科科长，1954 年任

图 2-42：崔衍勋
（1914.09.09—2003.03.28）

〔1〕 崔衍勋部分主要参考资料：中国政法大学档案馆馆藏资料《北京政法学院校务委员会委员名单》（1959 年 5 月 15 日）、《教职工履历表》（1957 年）、《通知》（关于教研室及各处负责人任命情况，院发字第一号，1957 年 4 月 12 日）。

教务处办公室主任，1957 年任教务处副处长、《政法院讯》校刊编委会委员，1959 年任校务委员会委员；1955 年开始任北京政法学院第一、二、三届党委委员，1959 年在第三次党代会上当选监委委员会委员。北京政法学院撤销期间在北京师范大学工作，北京政法学院复办后调回，1980 年任教务处处长。1983 年离休。

图 2-43：解润滋
（1915.03.03—2004.02.25）

解润滋[1] 字广德，1915 年 3 月出生，河北省任丘县人。1939 年 3 月在任丘县八区参加革命工作，1939 年 6 月至 1945 年 8 月曾任任河县七区区长、任河县敌工部部长、任河县合作社主任、任河县委宣传部部长。1945 年 8 月至 1947 年 10 月，先后在晋察冀第八中学校任教导主任、总支书、校长，在冀中第十分区干校任校长兼总支书。1947 年至 1949 年曾任冀中区十地委党校组教副组长、十地委土改工作团团委员、十专署教育科副科长、十专署联立师范学校校长。1949 年 12 月任河北省芦台中学干部文化班班主任兼总支书，1951 年 9 月任河北省天津分区干部学校校长兼总支书。

1952 年 10 月解润滋调到北京政法学院工作，任 1953 级调干班二班主任，12 月起在民刑法教研室刑法教研组工作，后转为刑法教研室任教。1955 年至 1956 年开展了"贪污罪的刑事责任"研究。1958 年到年级办公室，1959 年任校务委员会委员（年级主任），兼党总支书。1965 年到历史教研室工作。北京政法学院复办后到落实政策办公室，1980 年任组织部部长。1983 年离休。

---

〔1〕解润滋部分主要参考资料：中国政法大学档案馆馆藏资料《北京政法学院校务委员会委员名单》（1959 年 5 月 15 日）、《教职工履历表》（1957 年）。中华人民共和国高等教育部编：《1956 年全国高等学校科学研究题目汇编》，高等教育部 1956 年版。

戴铮[1] 曾用名戴金声、武振华，1918
年2月出生于河北省蠡县。1937年1月参加
革命，1938年10月加入中国共产党。曾任山
西决死三纵队九总队排长、接济队长，七总队
连长等职务。1940年7月至12月在抗日军政
大学第二团学习，1941年后历任决死三纵队
轮训队中队长、副大队长、纵队司令部巡视组
长、情报处股长、七团参谋长，1943年后在
太行三分区、二分区、五分区任职，曾任邢台
市委会常委、武装部长兼区委书记，邢台市委
会地委委员、组织部部长、市委副书记兼市长
等职务。1948年7月至12月在华北党校学习。

图 2-44：戴铮
（1918.02.25—2015.11.10）

1949年1月到华北局组织部工作，3月到华北革大工作，先后任三部教育科
长，党委委员，华北党校教务处干部科长、总支书记，政治研究院副院长等
职务。

1952年8月，戴铮参与筹建北京政法学院，任北京政法学院（筹备）
党组书记，同年11月担任北京政法学院党组书记、代理副院长。1953年3
月起，先后任中央政法干校党委副书记兼组织处长、公安部七局任处长等职
务。1978年10月，返回北京政法学院参与复办的筹办工作，继任北京政法
学院党委副书记。1984年1月在中国政法大学离休。

北京政法学院成立之初，戴铮为给学院整体办学营造良好氛围，一方面
对从不同学校合并来的学生进行思想疏导，安抚学生安心学习；一方面为院
长出谋划策，用请毛主席为学校题词的方式，体现党和政府对学院的关心，
激发全院师生的积极性。除了完成招生和校园管理的相关工作外，还参与负

---

〔1〕 戴铮部分主要参考资料：山西新军历史资料丛书编审委员会编：《山西新军决死第三纵
队（上）》，中共党史出版社1995年版。中国政法大学档案馆馆藏资料《大事记》〔政法筹（备）组，
1978年8月14日至1979年6月6日〕。

立德树人：法治之路上的法大前辈

责教师队伍的组建。聘请当年华北革大部分教授，为学生讲授"实践论""矛盾论"等思想政治课程；鼓励学院教师为国家立法作出贡献，主张以政策报告和短期训练为起点，逐步推进立法事业稳步进行。

1978 年 11 月，戴铮调回北京政法学院负责复办的筹建工作。带领相关人员收回北京政法学院原有部分校舍、图书，陆续调回一批学校原有的骨干教师和干部，1979 年招收四百多名本科生、研究生，并在国家的支持下建造了七号楼和图书馆。

二、学科建设开创者

图 2-45：王名扬
（1916.10.02—2008.11.06）

王名扬[1]　1916 年 10 月生于湖南省衡阳道衡阳县（今衡阳市衡阳县）。1937 年考入武汉大学。1940 年获法学学士学位，同年入中央大学（重庆）学习行政学和行政法学。1943 年获行政法学硕士学位并留校从事教学工作，抗战爆发后曾参加战地服务团，积极宣传抗日救亡。1945 年至 1948 年任武汉大学讲师。1948 年公费留学法国，1953 年获得法国巴黎大学法学院博士学位。1958 年，应周恩来总理号召回国，进入北京政法学院任教，1962 年调入北京外贸学院（对外经贸大学前身）任教。1983 年重返中国政法大学任教，担任了中华人民共和国成立后首届行政法学专业硕士生导师，教授"行政法""国际私法""外国行政法"等课程，1990 年至 1992 年赴美国哥伦比亚大学做访问学者研究美国行政法。精通英、法、日、俄等语言。

王名扬著有《英国行政法》（中国政法大学出版社 1987 年版）、《法国

---

〔1〕王名扬部分主要参考资料：王玉明主编：《中国法学家辞典》，中国劳动出版社 1991 年版。

行政法》（中国政法大学出版社 1989 年版）、《美国行政法》（中国法制出版社 1995 年版），主编《外国行政诉讼制度》（人民法院出版社 1991 年版）、《法美英日行政法简明教程》（山西人民出版社 1991 年版），参加了《行政法概要》（法律出版社 1983 年版）的编写和《中国大百科全书·法学卷》（中国大百科全书出版社 1984 年版）中国际私法、行政法方面词条的撰写。译有《共产主义的法学理论》（商务印书馆 1962 年版）、《南斯拉夫的经济困难》（商务印书馆 1963 年版）等书。

王名扬发表了《英国的民主政治与司法制度》（载《知言》1947 年第 10 期）、《罗马尼亚社会主义共和国大国民议会对宪法实施的监督》（合著，载《环球法律评论》1979 年第 2 期）、《法国法律上对人权的宪法保障》（合著，载《环球法律评论》1979 年第 3 期）、《南斯拉夫新债法的概念及其基本制度》（合著，载《环球法律评论》1980 年第 2 期）、《海牙国际私法会议》（载《中国国际法年刊》1982 年第 1 期）、《比较行政法的几个问题》（载《法学评论》1985 年第 6 期）、《谈谈狄骥的实证主义社会法学》（载《法国研究》1986 年第 2 期）、《法国公务员的行政赔偿责任》（载《比较法研究》1987 年第 1 期）等学术论文。

王名扬的著作《英国行政法》是在为研究生讲授"外国行政法"课程的基础上，根据大量一手资料撰写的专著，是我国国内第一本有关外国行政法的学术专著。该书与《法国行政法》《美国行政法》被誉为"外国行政法三部曲"，填补了我国对外国行政法研究的空白。

情怀法大

图 2-46：宁致远
（1926.04.06—2013.04.12）

宁致远[1] 1926 年 4 月出生于河北清苑。1946 年入河北省师范专科学习，1947 年并入北平师范大学。1948 年转入天津水产专科学校，同年年底突破蒋管区封锁，奔赴解放区工作。1949 年调入华北革大。1952 年转入中央政法干校担任学报编辑。

1953 年宁致远调入北京政法学院，任 53 级调干班三班副主任，1954 年调至教务处工作，在编译组参与创办了北京政法学院第一份出版物《教学简报》。1956 年转至汉文教研室，后一直从事汉语言教学工作，1957 年任《政法教学》编委会委员。1972 年 8 月至 1978 年 6 月先后任延庆中学语文组组长、延庆师范学校文科组副组长，1978 年 6 月至 12 月任北京教育学院中语组讲师。1978 年 12 月回到北京政法学院汉文教研室任教，1983 年任北京政法学院语文教研室副主任，中国政法大学成立后任汉语教研室主任。1991 年离休。

宁致远从事文书学与应用语言学的研究与教学工作，1965 年开始参与创建法律文书课程工作并教授司法文书课程，是我国法律院校"法律文书"课的创建人之一，也是法律文书学和法律语言学两个学科的学术带头人之一。主编的《司法文书学》（中国政法大学出版社 1989 年版）获国家级优秀教材奖，《法律文书的语言运用》（安徽教育出版社 1988 年版）获北京市哲学社会科学成就奖。此外主编或独立撰写学术著作和教材数十种，如《同政法工作者谈语法》（法律出版社 1982 年版）、《公文知识》（北京

---

[1] 宁致远部分主要参考资料：段家星：《让法律文书都体现司法公正》，载《法制日报》2006 年 4 月 26 日，第 10 版。陈建初、吴泽顺主编：《中国语言学人名大辞典》，岳麓书社 1997 年版。王玉明主编：《中国法学家辞典》，中国劳动出版社 1991 年版。贵州省写作学会编：《中国当代写作理论家》，贵州人民出版社 1989 年版。

出版社 1985 年版)、《中国司法文书》(香港文化教育出版有限公司 1989 年版)、《司法文书学教程》(中央广播电视大学出版社 1990 年版)、《法制语文》(法制出版社 1996 年版)、《应用写作教程》(中国政法大学出版社 1998 年版)、《中国律师文书范本》(民主与建设出版社 2003 年版) 等。曾发表《法律工作者要掌握好语文工具》(载《北京政法学院学报》1979 年第 1 期)、《古今词义演变》(载《北京教育》1980 年第 11 期)、《掌握不同词类的特点 , 准确地遣词造句 (一、二、三)》(载《人民司法》1981 年第 3—5 期)、《关于写作诉讼文书的一些问题》(载《北京政法学院学报》1982 年第 3 期)、《谈司法文书的程式化要素化及其差异性》(载《司法文书与公文写作》1985 年第 4 期)、《法规的常用句式及其效用》(载《政法论坛》1987 年第 5 期)、《应当在起诉书、判决书中具体叙述证据》(载《政法论坛》1993 年第 1 期)、《司法机关法律文书改革刍议》(载《人民司法》2007 年第 11 期) 等学术论文。

宁致远曾任中国司法文书、行政文书研究会会长，中国法学会法律文书研究会名誉会长，北京市诉讼法学学会顾问，北京语言学会理事，北京秘书学会特邀理事，华北修辞学会常务理事兼副秘书长，中华全国律师函授中心教学委员会委员，中央电大教学指导委员会法学组委员，《法律文书与行政文书》杂志名誉主编、《写作》杂志编委等职。

图 2-47：巫昌祯

（1929.11.17—2020.03.25）

巫昌祯[1] 1929 年 11 月生于江苏省句容县。1948 年入私立北平朝阳学院，期间 1949 年 3 月至 9 月在朝阳学习队学习。1949 年 9 月被保送到原中国政法大学三部学习，11 月到中央重工业部工作，1950 年初回到原中国政法大学与华北大学合并后新成立的中国人民大学继续研习法律，1954 年毕业，成为新中国第一届法律专业的本科毕业生。毕业后，被分配至北京政法学院民刑法教研室任教，1958 年后到汉文教研室授课。北京政法学院撤销期间，回北京留守处提前退休。北京政法学院复办后重返民法教研室任教；中国政法大学成立后，在法律系民法教研室任教。2003 年离休。

巫昌祯以婚姻法、妇女法的教学和研究为主，曾讲授"民法""古汉语""现代文学""婚姻法""继承法""社会学""家庭社会学"等课程，曾任民法专业研究生导师组成员，2003 年至 2018 年任中国政法大学特聘博士生导师。主要著作有《婚姻法学习指导书》（中央广播电视大学出版社 1985 年版）、《家庭社会学纲要》（中国政法大学出版社 1986 年版）、《婚姻法学资料选编》（中央广播电视大学出版社 1988 年版）、《我与婚姻法》（法律出版社 2001 年版）等，主编《婚姻法讲义》（法律出版社 1983 年版）、《婚姻法教程》（中国政法大学出版社 1985 年版）、《中国婚姻法教学大纲》（法律出版社 1989 年版）、《中国婚姻法》（中国政法大学出版社 1991 年版）、《婚姻与继承法学》（中国政法大学出版社 1997 年版）、《中华人民共

---

[1] 巫昌祯部分主要参考资料：巫昌祯：《我与婚姻法》，法律出版社 2001 年版。萧笛：《访女法学家巫昌祯教授》，载《北京政协》1995 年第 10 期。张藤青：《女法学家——巫昌祯教授》，载《当代司法》1995 年第 3 期。

和国婚姻法释义与实证研究》（中国法制出版社 2001 年版）、《"中华人民共和国婚姻法" 讲话》（中央文献出版社 2001 年版）、《妇女权益的法律保障》（中央文献出版社 2002 年版）、《婚姻法执行状况调查》（中央文献出版社 2004 年版）、《婚姻家庭法学》（中国政法大学出版社 2007 年版）等书籍。

巫昌祯发表了《巩固和发展我国社会主义婚姻家庭制度》（载《北京政法学院学报》1979 年第 1 期）、《贯彻执行新婚姻法 制止索取彩礼和大操大办的歪风》（载《政法论坛》1980 年第 2 期）、《婚姻纠纷中法律与道德的关系》（载《北京政法学院学报》1982 年第 1 期）、《中国婚姻家庭法学四十年（上、下）》（载《政法论坛》1989 年 4 期、5 期）、《中国妇女儿童的法律地位》（载《中国法学》1984 年 1 期）、《〈民法典·婚姻家庭编〉之我见》（载《政法论坛》2003 年第 1 期）等学术论文。

1955 年巫昌祯参与民法起草工作，1979 年、1997 年参与婚姻法修改，1989 年任《妇女权益保障法》起草小组副组长，2002 年任《妇女权益保障法》修正案草案专家组组长，还参与了《未成年人保护法》《老年人权益保障法》的起草工作，以及民法典编撰工作。2015 年 12 月 4 日，因在反家暴立法领域中作出巨大贡献而当选为年度法治人物。

巫昌祯曾任中国法学会副会长兼婚姻法学研究会会长、中国法学会学术委员会委员、中国法学会婚姻家庭法学研究会名誉会长、民政部社会工作者协会专家委员会委员、中国妇女研究会顾问、海峡两岸法学交流促进会常务理事、中国女律师协会顾问、《中国法学》杂志编委等职务，第七、八、九届全国政协委员，第七、八、九届全国政协社会和法制委员会副主任，第五、六、七、八届全国妇联执行委员。曾获得全国杰出资深法学家、全国劳动模范、全国三八红旗手、全国优秀儿童工作者等称号。

情怀法大

图 2-48：罗大华

（1936.08.15—2015.11.11）

罗大华[1]　1936 年 8 月出生，福建省武平县人。1952 年 9 月至 1955 年 8 月在福建省长汀师范学校学习。1955 年 9 月在福建省武平县鲜水小学任教员。1956 年 9 月到上海华东师范大学教育系深造，1960 年 9 月毕业分配至北京政法学院，在教育学教研组工作。北京政法学院撤销期间先后在安徽省革委会五七干校附属中学任校长，在北京广播学院任教学业务科副科长。1979 年 10 月返回北京政法学院，执教于刑事侦察教研室，从事犯罪心理学教学工作。中国政法大学成立后，在法律系心理学教研室任教，1984 年任教研室主任，后任犯罪心理学研究中心主任，证据科学研究院专职教授，1988 年开始招收硕士研究生。2002 年退休。

罗大华 20 世纪 60 年代，曾为政教系学生讲授"教育学"课程，后讲授"犯罪心理学""社会心理学"等课程。主要从事犯罪心理学、侦查心理学、证言心理学、犯罪矫治心理学等研究。1979 年开始组织编写我国首部《犯罪心理学》教材，1982 年内部刊印，1983 年由群众出版社出版。此外，著有《青少年违法犯罪心理分析》（知识出版社 1982 年版）、《犯罪心理学入门》（群众出版社 1987 年版），合著《犯罪改造心理学》（群众出版社 1987 年版）、《证人证言心理学》（群众出版社 1989 年版）等书籍，主编《犯罪心理学参考资料》（第一、二辑，北京政法学院刑事侦察教研室 1980 年版）、《青少年犯罪心理学》（中国政法大学出版社 1989 年版）、《心理学大词典·司法心理学分卷》（北京师范大学出版社 1989 年版）、《法律心理学词典》（群众出版社 1989 年版）等书，合译《犯罪心理学入门》（知识出版社 1987 年

---

〔1〕　罗大华部分主要参考资料：王玉明主编：《中国法学家辞典》，中国劳动出版社 1991 年版。

版）等书。

罗大华发表了《关于犯罪者对一组罪种严重性判断的研究》（载《心理学动态》1985 年第 2 期）、《对证言失真的心理分析》（载《政法论坛》1985 年第 3 期）、《论对罪犯刑满释放后重新犯罪的预测和预防》（载《政法论坛》1987 年第 1 期）、《暗示对证言影响之研究》（载《政法论坛》1988 年第 5 期，获中国心理学会优秀论文一等奖）等学术论文。

罗大华历任中国心理学会理事、常务理事；1983 年至 2010 年担任第一届至第七届中国心理学会法制心理专业委员会主任，曾任中国犯罪学研究会常务理事、中国社会心理学会理事、犯罪与矫治心理学专业委员会主任、北京市社会心理学会理事、北京市心理卫生协会理事、北京市关心青少年教育协会常务理事等职务。

徐杰[1]　1933 年 10 月生于江苏省南通市。1952 年考入北京政法学院，成为北京政法学院的第一批学生，1954 年提前毕业并留校工作。1959 年末，应国家干部下放到基层的号召，到北京第八机床厂制造学校任政治教员，1969 年调到北京第五机床厂从事管理工作。北京政法学院复办后，1978 年底参与筹建并任教于我国最早的经济法教研室。1980 年开始招收我国第一批经济法方向硕士研究生；1983 年任北京政法学院经济法教研室主任，1984 年经国务院学位委员会批准，牵头建立经济法硕士点。中国政法大学成立

图 2-49：徐杰
（1933.10.01—2020.09.23）

---

〔1〕 徐杰部分主要参考资料：时建中：《中国经济法学的开拓人 徐杰》，载《中国审判》2008 年第 3 期。中华人民共和国高等教育部编：《1956 年全国高等学校科学研究题目汇编》，高等教育部 1956 年版。中国政法大学档案馆馆藏文件《中国政法大学关于徐杰同志的情况报告》。

后任学位委员会委员；1985 年组织成立全国第一个经济法系并任系主任，后任经济法专业研究生导师组组长、经济法研究中心主任，1988 年 1 月被评为全国第一位经济法专业教授。1992 年经国务院学位委员会批准，牵头设立国家第一个经济法博士点，并于次年开始招生。2003 年退休。

20 世纪 50 年代徐杰在北京政法学院曾讲授"苏联国家与法权史""经济法"等课程，1956 年开展了"苏联国家与法权在保证实现农业集体化中的经验对我国农业集体化的作用"科学研究。著有《经济合同基本知识》（合著，法律出版社 1983 年版）、《中国公司法与公司实务》（中国致公出版社 1994 年版）等书籍，主编了《经济合同法基本原理》（法律出版社 1986 年版）、《企业法基本知识》（上海人民出版社 1988 年版）、《经济法教程》（中国政法大学出版社 1988 年版）、《经济合同法与技术合同法教程》（法律出版社 1991 年版）、《经济法概论》（中国政法大学出版社 1991 年版）、《经济法学》（北京大学出版社 1991 年版）、《涉外经济合同法》（中国政法大学出版社 1993 年版）、《中国企业法律实务全书》（中国物价出版社 1994 年版）、《经济合同法教程》（中国政法大学出版社 1995 年版）、《证券法理论与实务》（首都经济贸易大学出版社 2000 年版）、《合同法教程》（法律出版社 2000 年版）等专业书籍，从 2000 年起主编经济法学连续出版物——《经济法论丛》（法律出版社出版，自 2000 年至 2005 年共出版 5 卷）。

徐杰 1954 年曾参加宪法起草委员会资料组工作。作为经济法学界唯一的代表，参加了《合同法》的立法工作，还参加了《经济合同法》《涉外经济合同法》《技术合同法》的立法活动；参与《中国科技合同法制研究》，获得国家科学技术进步奖。曾任中国法学会民法、经济法研究会副总干事（副会长），中国科技法学会副会长，担任修改科学技术进步法的立法咨询顾问、政府采购法的立法咨询顾问，获得"全国杰出资深法学家"、全国司法行政系统一级英雄模范称号。

潘汉典[1] 曾用名潘宗洵，笔名唐律、汗典、勉力、宗洵等，1920 年 12 月出生于广东省南海县。1940 年，进入东吴大学学习法律，1944 年毕业后到上海中南银行做职员，至 1951 年离沪。1946 年，半工半读到东吴大学法律学研究所攻读研究生，1948 年毕业并获得法学硕士学位。1948 年 9 月至 1950 年 7 月在上海光华大学法律系兼职副教授、教授，讲授"法理学""新法理学""海商法""保险法"等课程；1950 年春至 1951 年在东吴大学法律系兼职"马列主义国家与法律理论""新法学"教师，业

图 2-50：潘汉典
（1920.12.03—2019.10.26）

余时间在"苏联侨民协会俄文专修学校"补习俄文，1951 年夏结业。1951 年 10 月调至北京大学法学院法律系任讲师，1951 年 12 月至 1953 年 1 月在中央政法干校学习。1952 年随国家院系调整到北京政法学院，1953 年 1 月从中央政法干校毕业后正式到北京政法学院任教。1953 年 4 月底，调往中国政治法律学会任研究院工作至 1973 年，期间 1956 年至 1973 年在北京市律师协会筹备会任兼职律师，1973 年调至中国科学院法学研究所任研究员。1985 年受聘中国政法大学兼职教授，1987 年 9 月正式回到中国政法大学从事科研和教学工作，1988 年 11 月起担任比较法研究所首任所长，1991 年退休。2003 年起被中国政法大学聘为特聘博士生导师，2004 年起招收博士研究生。

潘汉典被公认为当代中国比较法学的奠基人之一，主要研究比较法、外国法制史、法理学，精通德、法、日、俄、意、英六门外语，曾任《法学译丛》《比较法研究》主编和《元照英美法词典》（北京大学出版社 2014 年

〔1〕 潘汉典部分主要参考资料：潘汉典著，白晟编：《潘汉典法学文集》，法律出版社 2012 年版。陈新宇：《一生求索惟公正　人品文品入清流——记比较法学家潘汉典先生》，载《比较法研究》2003 年第 1 期。

版）总审定，翻译了一系列著作与文章。主要译著有《君主论》（商务印书馆 1985 年版）、《比较法总论》（法律出版社 2003 年版）等。翻译过法国、德国、意大利、日本、加拿大和罗马尼亚等国宪法，为中国 1954 年宪法和 1982 年宪法的制定提供了借鉴和参考。此外，主要译文还有《法国司法制度》（载《政法译丛》1957 年第 5 期）、《当代美国国会政党和议员的构成概览》（载《外国法学动态》1976 年第 6 期）、《富勒教授的法理学和在美国占统治地位的法哲学》（载《环球法律评论》1980 年第 1 期）、《认真地看待权利问题——论美国公民的反对政府的权利》（载《环球法律评论》1980 年第 2 期）、《论不同类型法律体系的比较》（载《比较法研究》1989 年第 1 期）等。主要著作有《对美国实在主义法学的"法院判决即法律"的批判》（载《法学研究》1964 年第 2 期，作者"王愚"为潘汉典及夫人王昭仪笔名）、《比较法在中国：回顾与展望》（载《比较法研究》1990 年第 2 期）、《论世界法律体系分类的若干问题》（载《比较法学的新动向——国际比较法学会议论文集》，北京大学出版社 1993 年版）等。曾任中国信息协会信息立法专业委员会主任委员。

第三章　历史变迁

中国政法大学组织机构沿革

第一节　北京政法学院时期（1952年—1982年）

一、党委组织机构沿革

1952年8月，成立北京政法学院临时党组，作为学院筹备时期党的临时领导机关。

1952年12月25日，成立中国共产党北京政法学院总支委员会。

1953年4月5日，成立中国共产党北京政法学院委员会，撤销党总支委员会。

1957年1月，撤销北京政法学院临时党组。

1965年12月1日，成立政治部，下设办公室、组织部、保卫部、宣传部、调研组、武装部和校刊编辑室等机构。

1981年7月，成立北京政法学院临时党委。

二、行政机构沿革

1952年，成立院部办公室，负责学院的内部协调与对外联络。成立教务处，负责学院的教学组织管理及党团组织工作。成立行政处，负责学院的财务及后勤工作。

1954年3月30日，成立政治辅导处。

1955年9月，成立人事处，撤销政治辅导处。成立年级办公室。

1956年9月，成立总务处。撤销年级办公室。

1959年6月18日，成立北京政法学院院务委员会。

1979年6月21日，北京政法学院各职能部门相继恢复，建立院办公室、人事处、教务处、总务处、科研处、研究生工作部。

三、教学科研机构沿革

1952 年，成立教研室，负责政治理论及专业课的教学和科研工作。

1953 年，成立教育学研究室，负责推动教学经验的交流和科研工作。

1953 年 9 月，增设马列主义经济建设问题教研室、国家法律教研室、理论政策教研室。

1959 年，成立政治理论教育系。

1981 年，成立函授部。

四、其他机构沿革

1952 年 11 月 2 日，成立北京市教育工会北京政法学院委员会。

1952 年 11 月 12 日，成立中国新民主主义青年团北京政法学院总支委员会。

1952 年，成立图书馆。

1954 年 10 月，召开全体团员大会选举成立中国新民主主义青年团北京政法学院委员会，撤销中国新民主主义青年团北京政法学院总支委员会。

1955 年 9 月 7 日，成立北京政法学院学术委员会。

1979 年 6 月 21 日，恢复设立图书馆。

1979 年 11 月，创办《北京政法学院学报》。

第二节 中国政法大学（1983 年—2000 年）

一、党委组织机构沿革

1983 年 5 月，设立组织部、宣传部、党委办公室和纪律检查委员会。

1983 年 10 月，成立中国政法大学临时党委，并分别成立了本科生院、研究生院和进修学院三院党委。

1984 年 4 月，校部职能部门进行重新设置，设立纪律检查委员会、党委办公室、组织部、宣传部、统战部。

1985 年 3 月，成立法律系党总支、经济法系党总支、政治系党总支。

1989 年 3 月，成立国际经济法系党总支。

1994 年 9 月，成立外语系党总支。

1997 年 12 月 6 日，成立中共中国政法大学委员会党校。

二、行政机构沿革

1983 年 5 月，设立校长办公室、人事处、教务处、科研处、财务处和基建办公室。

1984 年 4 月，校部职能部门进行重新设置，设校长办公室、人事处、教务处、科研处、学生处、总务处、财务处、武装保卫部、老干部处、基建办公室、外事办公室。

1988 年 12 月，成立总务一处、总务二处、后勤办公室，撤销总务处、房管处、伙食处、基建处（学院路）。

1995 年初，成立留学生管理处、港澳台学生管理处。

1996 年 5 月 2 日，成立总务处、中国政法大学饮食服务中心、校园国有资产管理办公室，撤销总务一处、总务二处、后勤办公室。

三、教学科研机构沿革

1983 年 5 月，以原北京政法学院为基础建立本科生院，以原中央政法干部学校为基础建立进修学院，成立研究生院。

1984 年 10 月，撤销本科生院。

1984 年 11 月，成立中国政法大学法律古籍整理研究所。

1984 年 12 月 27 日，在中国政法大学进修学院（即中央政法干部学校）的基础上成立中央政法管理干部学院。

1985 年 3 月，成立法律系、经济法系、政治系和基础部。

1989 年 3 月 18 日，成立国际经济法系。

1992 年 4 月，成立成人教育部，撤销函授部。

1993 年 5 月 1 日，政治系更名为政治与管理学系。

1994 年 5 月，成立中国政法大学体育部。

1994 年 9 月 8 日，成立外语系。

1995 年 12 月，成立成人教育学院，撤销成人教育部。

1999 年 10 月 14 日，在原留学生管理处、港澳台学生管理处和中国高级法律人才培训中心（北京）办公室的基础上成立中国政法大学国际教育学院。

1999 年 10 月 22 日，成立法律史学研究中心。成立诉讼法学研究中心。

1999 年 11 月 11 日，成立政治与管理学院，撤销政治与管理学系。

四、其他机构沿革

1983 年，北京政法学院医务室更名为中国政法大学校医院。

1983 年 5 月，《北京政法学院学报》更名为《中国政法大学学报》。

1983 年 8 月，成立中国政法大学学位评定委员会。

1984 年 1 月，成立中国政法大学校务委员会、学术委员会、体育运动委员会、图书馆委员会、学报编辑委员会。

1984 年 4 月，成立中国政法大学出版社。

1985 年 1 月，《中国政法大学学报》更名为《政法论坛（中国政法大学学报）》。

1999 年 10 月 9 日，成立中国政法大学后勤集团。

第三节　中国政法大学（2001 年划归教育部至今）

一、党委组织机构沿革

2001 年 12 月 3 日，学校印发《中国政法大学校部机关机构改革方案》，保留组织部、统战部、纪委办公室（监察处）、宣传部、退（离）休干部管理处、保卫（部）处、校工会、校团委。

2002 年 4 月 26 日，成立校部机关党总支、图书馆党总支、后勤集团党总支。

2002 年 6 月，成立法学院党委、民商经济法学院党委、国际法学院党委、刑事司法学院党委、政治与公共管理学院党委、商学院党总支、人文学院党总支、外国语学院党总支、继续教育学院党委、科研单位党总支、离退休干部党委。

2005 年 3 月，成立社会学院党总支。

2005 年 6 月，成立马克思主义学院党总支。

2005 年 9 月，成立法律硕士学院党总支。

2008 年 7 月，成立新闻与传播学院党总支。

2009 年 9 月，成立比较法学研究院党总支。

2010 年 6 月 8 日，商学院党总支更名为商学院党委，人文学院党总支更名为人文学院党委，新闻与传播学院党总支更名为新闻与传播学院党委，外国语学院党总支更名为外国语学院党委，社会学院党总支更名为社会学院党委，马克思主义学院党总支更名为马克思主义学院党委，法律硕士学院党总支更名为法律硕士学院党委，比较法学研究院党总支更名为比较法学研究院党委。

2016 年 3 月 11 日，成立证据科学研究院党委。继续教育学院党委更名为中国共产党中国政法大学继续教育学院直属党支部。

2017 年 3 月 31 日，后勤党总支更名为后勤党委，科研单位党总支更名为科研单位党委。

2018 年 6 月 27 日，成立党委教师工作部，与党委宣传部合署办公。

2018 年 10 月 19 日，成立中欧法学院党委。

2021 年 3 月 5 日，科学技术教学部直属党支部更名为法治信息管理学院党总支。

二、行政机构沿革

2001 年 1 月 1 日，撤销总务处。

2001 年 1 月，成立后勤管理处。

2001 年 12 月 3 日，学校印发《中国政法大学校部机关机构改革方案》，保留教务处、科研处、学生（部）处、人事处、审计处、后勤管理处、基建处、研究生院。成立中国政法大学新闻中心，与党委宣传部合署办公。成立资产管理处。财务处更名为计划财务处，校培训中心更名为校培训部，国际交流处更名为国际合作与交流处。撤销校产业办公室、研究生院研究生工作部。"党办"与"校办"合署办公，组建"学校办公室"。党校与组织部合署办公。武装部、综合治理办公室与保卫处合署办公。

2001 年 12 月 28 日，校团委由副处级管理机构调整为正处级管理机构。

2003 年 4 月 25 日，成立校工会办公室。

2003 年 5 月 7 日，成立学院路校区管理委员会（2006 年 9 月 25 日撤销，原办公室的职能和编制一并划归至学校办公室综合科）。

2003 年 5 月 16 日，成立学生就业指导与服务中心，副处级挂靠学生工作部。

2004 年 3 月 1 日，成立人才引进工作办公室，副处级挂靠人事处。

2004 年 5 月 12 日，成立港澳台办公室，与国际合作与交流处合署办公。

2004 年 7 月 1 日，成立后勤工作委员会。

2005 年 2 月 17 日，计划财务处更名为财务处。

2005 年 12 月 1 日，成立"211 工程"建设与学科建设办公室。

2006 年 3 月 20 日，成立中国法律信息中心（2014 年 5 月 29 日撤销）。

2006 年 4 月 13 日，成立发展规划处。

2006 年 12 月 1 日，成立档案馆，副处级挂靠学校办公室。

2006 年 9 月 25 日，成立学生资助管理中心，副处级挂靠学生工作部。成立学院路校区拆迁办公室。

2007 年 3 月 23 日，学院路校区拆迁办公室更名为学院路校区拆迁建设办公室。

2007 年 5 月 17 日，成立"中关村 – 法大科技园"管理委员会办公室。

2008 年 9 月 3 日，"中关村 – 法大科技园"管理委员会办公室更名为中国政法大学科技园管理办公室。

2009 年 5 月 31 日，成立开放教育管理办公室（副处级）。成立研究生在职教育中心（副处级），撤销研究生在职教育办公室。

2009 年 10 月 20 日，成立信息化建设办公室，与现代教育技术中心合署办公。

2009 年 10 月 21 日，发展规划处更名为发展规划与学科建设处。撤销"211 工程"建设与学科建设办公室。校友工作办公室调整为副处级管理机构，独立建制。

2010 年 1 月 11 日，研究生工作办公室调整为副处级，挂靠学生工作部。撤销研究生在职教育中心（副处级）。

2012 年 9 月 29 日，成立中国政法大学"2011"计划办公室，副处级挂靠科研处。

2014 年 1 月 17 日，成立中国政法大学实验教学中心，副处级挂靠教务处。

2014 年 5 月 29 日，成立国内合作处。武装部与学生工作部合署办公。

2015 年 5 月 13 日，中国政法大学拆迁办公室更名为校园发展办公室。

2015 年 10 月 12 日，研究生招生办公室调整为副处级管理机构，挂靠研究生院。孔子学院办公室调整为副处级管理机构，挂靠国际合作与交流处。

2016 年 11 月 4 日，成立招投标及采购管理办公室。

2018 年 6 月 1 日，校友工作办公室由副处级管理机构调整为正处级管理机构。

2018 年 11 月 8 日，信息化建设办公室（现代教育技术中心）更名为网络安全和信息化办公室（现代教育技术中心）。

2019 年 1 月 10 日，后勤工作委员会办公室更名为后勤保障处。

2019 年 3 月 22 日，成立党委巡察工作领导小组办公室。

2021 年 10 月 29 日，成立中国政法大学教材研究与管理中心。

三、教学科研机构沿革

2001 年 6 月，中国政法大学管理干部学院更名为中国政法大学社会工程学院。

2002 年 6 月 24 日，成立法学院、民商经济法学院、国际法学院、刑事司法学院、政治与公共管理学院、商学院、人文学院、外国语学院。成立科学技术教学部。体育部更名为体育教学部。成立马克思主义理论教学研究中心（正处级），挂靠人文学院。成人教育学院更名为继续教育学院。

2002 年 11 月 15 日，成立中美法学院、中德法学院，归口科研处。

2003 年 4 月 15 日，成立司法考试培训中心，与校培训中心合署办公。

2004 年 7 月 3 日，成立法学教育发展研究与评估中心。

2004 年 11 月 24 日，成立 MPA 教育中心。

2005 年 2 月 17 日，成立自学考试办公室，副处级挂靠继续教育学院。

2005 年 3 月 21 日，成立社会学院。

2005 年 4 月 5 日，成立法和经济学研究中心。

2005 年 4 月 14 日，成立司法考试学院。

2005 年 6 月 27 日，成立马克思主义学院。

2005 年 9 月 2 日，成立法律硕士学院。

2005 年 12 月 14 日，MPA 教育中心（副处级）挂靠政治与公共管理学院。

2006 年 5 月 8 日，成立中国政法大学证据科学研究院。

2006 年 5 月 14 日，中美法学院、中德法学院独立设置，不再归口科研处。

2006 年 6 月 25 日，成立国内首家国际儒学院。

2006 年 7 月 6 日，成立法治政府研究院。

2006 年 11 月 21 日，法律史学研究中心更名为法律史学研究院。诉讼法学研究中心更名为诉讼法学研究院。

2007 年 5 月 30 日，成立全球化与全球问题研究所，正处级挂靠政治与公共管理学院。

2007 年 8 月 8 日，成立《中国政法大学学报》编辑部。

2008 年 7 月 2 日，自学考试办公室更名为对外办学管理办公室。

2008 年 7 月 12 日，成立新闻与传播学院。

2008 年 10 月 23 日，成立中欧法学院。

2009 年 5 月 31 日，司法考试学院并入继续教育学院。撤销对外办学管理办公室。成立高级政法管理干部进修中心。

2009 年 9 月 17 日，成立 MBA 教育中心，副处级挂靠商学院。

2009 年 9 月 28 日，成立比较法学研究院。比较法学研究院在原中国政法大学比较法研究所、中德法学院和中美法学院和欧盟法研究中心四个机构整合的基础上成立。

2011 年 12 月 30 日，成立中国政法大学人权研究院。成立港澳台教育中心，与国际教育学院合署办公。

2012 年 4 月 5 日，成立中国政法大学青少年法制教育研究中心，与法治政府研究院合署办公。

2012 年 9 月 12 日，全球化与全球问题研究所独立建制。

2012 年 10 月 9 日，成立中国政法大学高等教育研究所，与法学教育研究与评估中心合署办公。

2013 年 7 月 13 日，成立中国政法大学网络教育学院，与继续教育学院合署办公。

2014 年 5 月 29 日，撤销"高级政法管理干部进修中心"独立建制，并入继续教育学院。新闻与传播学院更名为光明新闻传播学院。

2016 年 6 月 22 日，法和经济学研究中心更名为法与经济学研究院。

2017 年 9 月 6 日，成立法治信息管理学院，与科学技术教学部一个机构两块牌子。

2021 年 4 月 8 日，成立培训学院。

2021 年 6 月 18 日，成立数据法治研究院。

2022 年 7 月 22 日，成立纪检监察学院。成立国家安全学院。

四、其他机构沿革

2002 年 6 月 24 日，成立现代教育技术中心。

2003 年 10 月 11 日，成立中国政法大学校友总会。

七十年制度创新

第四章 制度立校

中国政法大学作为一所以法学为特色和优势的大学，在 70 余年的办学历程中，随着国家高等教育的改革与发展，不断改革与创新，制度建设从无到有，逐步完善，先后经历了几个重要阶段，逐渐形成党委领导下的校长负责制、教授治学、民主管理、社会参与的现代大学制度。

1952 年，为了给新中国培养新型的社会主义国家政法人才，中国政法大学的前身——北京政法学院应运而生，学校的各项规章制度开始建立。1978 年随着国家法制建设春天的来临，北京政法学院恢复招生；1983 年在党和国家的重视支持下，在原北京政法学院的基础上成立了我国第一所综合性法律大学——中国政法大学，这一时期，学校各项制度相继恢复，迎来了蓬勃发展阶段。2001 年，法大重归教育部领导，迎来了新的发展契机，法大的各项制度在探索中稳步推进。十八大后，国家全面推进依法治国，法大积极响应号召，深化改革，学校各项制度日趋完善，制度体系逐渐建立。

中国政法大学制度的变迁史体现着我国现代高等教育发展的历史，也是我国法治建设进程的一个缩影。回顾与总结中国政法大学 70 多年来制度变迁的历史，探寻法大制度的构建路径，对于准确理解制度的内在机制，深刻认识法大创建与发展的历史轨迹具有重要作用，更是对于传承与弘扬法大精神，推动法大建成致力于法治中国建设的世界一流大学有着极为重要的意义。

第一节　起步探索阶段（1952 年—1970 年）

从 1952 年北京政法学院成立到 1970 年，这一时期是中国政法大学的初创与奠基时期，也是各项制度的起步与探索建立时期。当时，中央人民政府大规模调整了全国高等学校的院系设置，把民国时代的现代高等院校系统地改造成"苏联模式"的高等教育体系，北京政法学院在此背景下应运而生，制度建设也开始起步。法大制度建设初期侧重人财物管理及教育教学运行保障，同时也在探索实行党委领导制、校长（院长）负责制、学术委员会制度等内部管理机制。

一、管理决策机制在摸索中创建

（一）党委全面领导

北京政法学院建校初期，始终坚持党委的全面领导。1952 年 8 月，为加强党对学院的领导，经请示上级党组织，北京政法学院建立了临时党组。1953 年 4 月 5 日，经北京市委正式批准，成立了中国共产党北京政法学院委员会。1956 年 6 月，北京政法学院第二次党代会选举刘镜西等 19 名同志为党委委员，同年 8 月，中共北京市高等学校委员会批复同意。

1956 年中国共产党第八次全国代表大会以后，中共北京市委指示，为加强党对学校的领导和充分发挥集体领导作用，各高校须逐步实行党委领导。1957 年 1 月，中共北京市委正式批准北京政法学院实行党委领导制，即实行党组织对学院各项工作的全面领导，改变了"学院行政提出计划，党委保障实施"的领导方式。根据上级党委指示，北京政法学院于 1957 年 1 月 12 日开始实行党委制，并正式发布关于学院党的组织机构及分工的通知。

（二）党委领导下的院务委员会

党委领导下的院务委员会制度，是我国高等学校内部管理体制的一次重大变革，它标志着中国共产党在高等院校领导地位的确立。

1952 年，中国高等学校进行大规模院调整，北京政法学院根据 1950 年 6 月召开的第一次全国高等教育会议通过的《高等学校暂行规程》，实行校长（院长）负责制。校长（院长）由中央人民政府任命，其职责是领导全院一切教学、研究及行政事宜；领导全院教师、学生、职员的政治学习；任免教师、职员；批准院务委员会的决议等。学院下设教务长及总务长，形成院长、教务长、系主任三级领导的体制。这种系主任受教务长领导的体制，在当时特定的环境下，对接管的旧中国高校的调整和改造起到了一定的稳定作用，但因系主任直接受教务长领导，党总支虽然在政治上起核心作用，但对于系行政没有领导或指导关系，导致教育工作在一定程度上忽视了政治、忽视了党的领导。

1956 年党的"八大"以后，党章规定，基层党组织对本单位要发挥领导作用，高校的领导体制也随之发生变化。1958 年 9 月 9 日，中共中央、国务院作出《关于教育工作的指示》，"在一切高等学校中，应当实行学校党委领导下的校务委员会负责制……学校党委，应当配备党员领导年级和班的工作，配备党员去做政治思想工作、学校的行政工作和生产管理工作，党委书记和委员力求担任政治课的教学、研究工作。"由此，中央加强了党对学校的领导，确立了党组织在高校的领导地位。

1959 年 4 月，根据中共北京市委的指示，北京政法学院提请成立了由 26 人组成的院务委员会，其中党员 19 人，非党员群众 7 人。1959 年 6 月，院务委员会名单得到北京市委批准。1959 年 6 月 18 日，经北京市人民委员会第十八次行政会议通过和批准，北京政法学院院务委员会正式成立，学院实行党委领导下，以院长为首的校（院）务委员会负责制。院务委员会的宗旨是，由党委全面领导学校的政治思想教育、行政管理、教学、科研和生产等工作，保证党的教育方针得以正确地贯彻与执行。

二、民主管理制度、教授治学体制在实践中创设

（一）民主管理制度创设阶段基本情况

建校初期，北京政法学院积极建立民主管理制度，保障广大师生的知情权、参与权。1952 年 12 月，北京政法学院学生会成立，并在 1955 年，制定通过《北京政法学院学生会章程》。学生会接受学院党组的领导和团总支的指导，开展了一系列的活动。

1952 年 11 月 2 日，北京市教育工会北京政法学院委员会成立。1953 年 1 月 15 日，北京政法学院工会举行第一届会员大会，选举基层委员会。

1954 年 10 月，青年团北京政法学院委员会成立。1954 年 12 月 22 日至 29 日，北京政法学院团委会举行第一届代表大会，总结了一年来的工作，选出了新一届团委委员。1955 年 3 月 31 日至 4 月 21 日，中国共产党北京政法学院第一次党代表大会召开，总结了两年来党委的工作，会上通过了《关于保证完成教学工作的决议》，选出了新一届党委委员。

（二）教授治学体制创设阶段基本情况

1954 年 5 月，中央人民政府高等教育部召开全国政法教育会议，这次会议规定了高等学校科学研究的首要任务是提高教学质量。1955 年，北京政法学院为了贯彻党和国家关于提高教学质量的方针，适应学校教育模式的变化，探索新形势下学院教育教学的发展方向，进一步加强对教学和科学研究工作的领导，决定学习苏联高校的经验，成立全院性的学术委员会。其任务是审查学院的工作计划、教学计划、科研计划、师资培养计划，并监督其执行情况；讨论教科书、教学大纲、论文及其他重大科学问题。该委员会由院长、副院长、教务长、各教研室主任和部分教学经验丰富的教师组成。

当时，国内没有现成的经验可资借鉴，大多学校只有校代会，而未设立学术委员会，关于学术委员会的资料也寥寥无几。北京政法学院领导听取苏联专家的建议，广泛吸纳苏联莫斯科大学、基辅大学等多所大学的先进经验，结合本院实际，于 1955 年 9 月 7 日，举行学术委员会成立大会，正式成立北京政法学院学术委员会，该委员会由钱端升等 21 人组成。学术委员会成立以后，开展了一系列活动，对于制订教学计划与方案、评定教师职称和推动科学研究发挥了很大作用，对学院教学水平的提高和科研的进步作出了重要的贡献。1955 年 10 月 4 日，北京政法学院召开学术委员会第二次会议，一致同意《关于学术委员会工作任务的意见》，明确了学术委员会的性质、任务，规定了会议制度。

三、其他管理制度在求索中设立

1954 年 5 月，中央人民政府高等教育部召开全国政法教育会议，这次会议规定了政法教育的方针政策，会议强调，必须根据"整顿巩固、重点发展、提高质量、稳步前进"的工作方针，在政法教育工作中应首先进一步贯彻理论与实际相结合、学习苏联先进经验与中国实际情况相结合的教学方针，积极进行教学改革，提高教学质量。会议确定了政法院系的具体任务、培养目标及学习年限。会议指出，政法教育的教学改革工作，比其他系科更为迫切和必要。会议认为，应逐步建立教师正规的政治理论学习和业务进修制度，开展批评与自我批评，树立学术自由讨论的学风。在这样的背景下，北京政法学院出台了相关制度，不断加强学院建设。

北京政法学院建校初期，全面学习"党在过渡时期的总路线"，并把总路线的精神贯彻到教学和各项工作中。根据 1954 年全国政法教育会议精神，北京政法学院于 1954 年 8 月制定《三年制教学计划草案》，明确了学院的教育教学目标。根据教育部颁发的《高等学校课程考试和考查规程》，制定了相应的课程考试和考查规定。1955 年，北京政法学院新设年级主任制，加强各年级的管理。学术委员会成立后，1955 年 9 月 7 日，学术委员会通过《关于师资培养计划和教学工作量问题的决议（草案）》，调整了学校培养与使用教师的原则，明确开始计算教师教学工作量。1956 年 1 月 10 日，北京政法学院学术委员会第六次会议通过《关于研究生培养工作的决议》，改进了研究生培养工作，提升了研究生培养质量。1963 年 3 月 30 日第二十二次院务委员会会议讨论并通过《政法系教学计划》。

1958 年，毛泽东主席又进一步指出：教育必须为无产阶级政治服务，必须同生产劳动相结合。由此，毛泽东主席提出的"三育两有"和"两个必须"成为当时的社会主义教育方针，北京政法学院根据相关要求，将劳动改造作为教育工作的重要内容，并出台相关规定。1959 年上半年，北京召开了教育工作会议，1961 年，教育部制定《教育部直属高等学校暂行工作条例（草案）》(简称为《高校60条》)，学校根据相关要求，制定了一系列相关制度。

这一时期，北京政法学院积极探索创建各项制度，出台了《关于北京政法学院党政科级干部任免的若干规定》《北京政法学院教职工考勤暂行办法》等人事制度，为人事管理提供了参考依据。

第二节　改革发展阶段（1978年—1999年）

1978年北京政法学院复办，1983年更名为中国政法大学。1997年，中央政法管理干部学院与中国政法大学合并，学校制度建设也作出相应调整。1996年初，中央召开首次全国法学教育工作会议，法大根据有关会议精神，不断建立健全相关规章制度，并在1993年、1997年进行了两次制度汇编，系统梳理了这一时期中国政法大学党政综合管理、教学科研管理、学生管理、人事管理、财务后勤管理等制度建设情况。

一、管理决策机制开创新局面

（一）明确党委领导下的校长负责制

从20世纪50年代高等教育改造到20世纪八九十年代，我国高校领导体制几经调整，逐渐确立了"党委领导下的校长负责制"。

1981年，北京政法学院行政办公会议决定，学院实行以院长为首的校务委员会负责制，健全了党总支监督下的系主任、所长负责制。1988年9月，中国政法大学党委召开了一系列会议，实行党政分开，强化行政领导作用，克服党委包揽行政事务的弊端，逐步向校长负责制过渡。1988年全国高等教育工作会议召开，校党委根据会议精神，并结合学校实际，进一步深化改革，推进制度建设，实行校长负责制，成立重大决策审议机构——校务委员会。

为了更好地发挥党委的集体领导作用、保证决策的正确，根据党章要求，1992 年 5 月 21 日，中国政法大学党委通过了《中共中国政法大学委员会议事规则》。规则规定，中国政法大学实行党委领导下的校长负责制，党委是学校的领导核心，党委实行集体领导和个人分工相结合的制度。

这一时期，法大制定了一系列规章制度，进一步完善了党委领导下的校长负责制。1992 年 10 月 31 日，第二十次校长办公会通过《中国政法大学校长办公会议组织办法》，明确了校长办公会议是全校最高行政会议。根据《中共中央关于加强高等学校党的建设的通知》和党的十四大有关精神，1993 年 4 月 1 日，中国政法大学党委于第三次党委会通过《中共中国政法大学委员会常委会会议议事规则》，进一步明确了常委会的职权。

（二）校院两级管理制度确立

1982 年 12 月 25 日，司法部发布《关于中国政法大学领导体制和机构设置的报告》。报告中指出，中国政法大学拟在校党委领导下，实行校院两级管理：校部设精干的领导机构；下设法学院（即本科生院）、研究生院和进修学院三个学院。各学院在行政上可保持相对的独立性。1983 年 7 月 2 日，法大发布《中国政法大学关于校院体制及有关工作问题的意见》。意见明确，中国政法大学下设本科生院、研究生院和进修学院。

二、民主管理制度迈入新阶段

随着高等教育的不断发展，民主管理逐渐成为学校建设发展的一个重要方面，各高校更加重视民主管理相关制度的建立健全。中国政法大学作为一所政法类院校，高度重视民主决策、民主参与，创设了一系列有关制度，充分保障了广大师生的表达权、知情权、参与权。

1982 年 8 月 26 日，北京市人大常委会第二次会议召开，会上传达了第三次全国信访工作会议讲话精神，并对高等学校信访工作作出明确要求——

各高校要建立健全信访制度。根据会议要求，中国政法大学制定《信访工作条例》，明确规定了信访人的权利和义务、信访机构的职责、信访程序等相关内容，自 1995 年 4 月 1 日起施行。

为提倡民主办学、深入实际、联系群众，克服主观主义、官僚主义，1985 年，中国政法大学设立"周四师生接待日"，每次由一位校领导专门接待师生来访，广泛听取师生意见和建议。1993 年出台的《中国政法大学校领导接待日制度（试行）》，明确规定了接待日时间、地点及程序，进一步完善了校领导接待日制度。

1983 年 11 月 23 日，第一次中国政法大学共青团代表大会举行，听取相关工作报告，并积极听取代表意见建议。1984 年 11 月 30 日举行中国政法大学第一次学生代表大会，通过《中国政法大学学生会章程》；1986 年 4 月 16 日，修改《中国政法大学学生会章程》，规定实行逐级负责制；1993 年再次对《中国政法大学学生会章程》进行修改，进一步完善了学生会运转机制，积极维护了法大学生的各项民主权利。

1985 年 1 月，教育部、中国教育工会全国委员会出台《高等学校教职工代表大会暂行条例》。按照条例相关要求，1985 年 11 月 15 日，中国政法大学党委下发《关于召开我校教职工代表大会的通知》；1986 年 3 月 26 日，中国政法大学第一次教职工代表大会召开，这标志着中国政法大学在民主办学方面进入了一个新的阶段。

1988 年全国高等教育工作会议召开，会上强调，加快教职工代表大会建设，加强民主管理与监督，适时召开党代会，加强校内民主建设。中国政法大学按照会议要求，于 1993 年 2 月 24 日至 27 日隆重召开第五次党代会，以无记名投票的方式选举产生了新一届党委会、纪委会。这是 1962 年北京政法学院第四次党代会以来的三十多年中召开的第一次党代会。本次大会的召开，标志着中国政法大学党的建设、民主建设迈上了一个新台阶。

遵照中央和北京市委关于民主评议领导干部工作的规定和要求，为贯彻全面从严治党精神，使党员领导干部置于广大党员和群众的监督之下，全面促进领导班子建设，按照 1992 年中共《关于建立民主评议党员制度》的要求，中共中国政法大学党委决定建立民主评议校级党员领导干部制度。1993年 4 月 20 日，中国政法大学制定《关于建立民主评议领导干部制度的规定（试行）》，进一步加强民主监督。

三、其他管理制度踏上新征程

1987 年后，法大加强学风建设，将党的工作和行政工作、管理工作与学生的自我管理结合起来，建立健全学校有关规章制度。1996 年初，中央召开了首次全国法学教育工作会议，法大根据会议精神，进一步加强学校各项制度建设。这一时期，学校各项制度蓬勃发展。

（一）教学、科研制度发展情况

1985 年 10 月，根据中共中央《关于教育体制改革的决定》，结合本校的实际情况，中国政法大学提出了《中国政法大学贯彻落实中央教育体制改革决定的意见》，其指导思想是：以教学为中心，继续把学校工作的重点转到为教学服务上来，变封闭型办学为开放型办学；以科研促教学、教学科研一起抓；侧重抓好教育体制和管理体制的变革，进而搞好教学内容和教学方法的改革。

立足本科教育，不断建立完善相关制度。中国政法大学十分重视本科生专业实习工作，1987 年 7 月制定《本科实习规则》，随后制定了《学生实习守则》《实习保密规定》《优秀实习生评选条件》等规章制度。1988 年 4 月根据国家教委、财政部以及北京市高教局的有关规定，结合法大具体情况，出台《奖学金实施办法（试行）》。1991 年根据国家教委《普通高等学校学生管理规定》及《北京地区普通高等学校学生学籍管理办法》的基本原则，结合法大具体情况，制定《本科学生学籍管理办法（试行）》。1994 年 3 月颁布《学分制管理实施细则》。这一时期还相继出台了《本科学生选课管理办法》《本科生考试管理办法》《本科生学习成绩考核办法》《关于授予本科毕业生学士学位的规定》等一系列制度，以规范本科生教育教学。

办好研究生教育。 1979 年北京政法学院复办后研究生首次招生，研究生院提出建立研究生导师组，实行集体导师制。1983 年根据《学位条例》和教育部《高等学校研究生工作条例》，制定了《研究生培养管理规则（试行）》。1987 年 6 月，中国政法大学颁布《接受在职人员申请学位细则》并开始实施，培养在职高级法律人才成为中国政法大学研究生培养工作的一项重要内容。1988 年研究生院管理体制由一级变为二级管理，1990 年恢复研究生院集中管理制度。1991 年，研究生招生开始采用推荐考试与面试就读的双轨制。这一时期制定了《研究生培养管理规则（试行）》《研究生院研究生学籍管理办法实施细则（试行）》《研究生院博士研究生培养管理暂行规定》《研究生院学分制施行办法》《研究生院课程学习考核办法》《研究生院研究生选课暂行办法》《研究生院研究生奖学金制度试行办法》《研究生院研究生学籍管理办法实施细则》《应届毕业硕士研究生授予硕士学位有关事项的规定》等一系列规章制定，不断加强研究生院的教学科研管理。

发展成人教育。 这一时期，中国政法大学大力发展成人教育，先后出台了《成人教育学院关于成人学历教育学生课程免修的暂行规定》《成人教育学院关于"专升本"非法律专业大专生加修法律专业课的规定》《成人教育学院关于在册学员补考及留级的规定》《成人教育学院考试制度》等相关制度。

规范教学科研管理。 为推进学校教学科研工作，这一时期，学校制定了许多具有建设性的规章制度，例如，1988 年 10 月出台《关于"双肩挑"人员的教学、科研活动的规定》，1991 年 4 月出台《优秀教学成果评审管理办法》，1993 年 7 月出台《教师教学工作任务聘任制实施办法》《关于聘请内兼职教授的暂行办法》，1995 年 10 月出台《关于教学管理与教学纪律的若干规定》以及《非在编科研机构管理办法》等。

（二）人事管理制度发展情况

这一时期，法大高度重视师资队伍建设，1989 年 6 月，重新修订了《关于中国政法大学党政科级干部任免的若干规定》。1989 年 3 月出台《各类工作人员调配暂行规定》，以适应两地办学的需要，保证各项工作的顺利进行。1989 年 2 月中国政法大学制定《关于延聘、返聘高级专业职务人员暂行办法》，继续发挥已到离、退休年龄的高级专业技术职务人员专长。1994 年 10 月，制定《实行党政干部聘任制的暂行规定》，推行聘任制。1995 年 11 月，制定了《关于从工人中聘任干部的若干规定（试行）》，1996 年 12 月 4 日，开始执行《教师聘任制办法（试行）》，进一步完善了干部及教师聘任制度。

为深化教学科研改革，中国政法大学不断建立健全教职员工考核、评选制度。1986 年 1 月制定《教师工作规范》，加强对教师队伍的管理。1990 年 4 月出台《优秀教师评选办法》，以鼓励在教学一线工作的教师。1991 年 3 月修订了《教职工考勤规定》，进一步加强了教职工劳动和工作纪律，提高了工作效率。1994 年 12 月，开始执行《聘任制干部考核奖惩条例（试行）》《教职员工考核办法（试行）》。1995 年根据人事部关于《事业单位工作人员考核暂行规定》，制定《教职员工考核办法（试行）》。1996 年 1 月，出台《专职教学人员年度考核标准及完成教学工作定额的审定办法（试行）》《科研人员年度考核实施办法（试行）》，进一步规范考核考评机制。

除此之外，中国政法大学还建立健全了关于工资、离退休、出入境等方面的人事管理制度，如《关于九五年度我校工作人员正常晋升工资档次的规定》《关于考取技术等级不在岗工人确定工资的实施办法》《关于给我校工作人员发放补贴的规定》《关于提高加班费标准的具体办法》《工作人员办理退（离）休问题的办法》《关于高级专家退（离）休问题的规定》《关于出国（境）人员管理的若干规定》《出国（境）人员人事管理实施细则》等。

（三）学生管理及财务、后勤制度发展情况

学生管理制度日趋规范。为贯彻落实中共中央十四届六中全会精神，

情怀法大

1997年1月15日至16日，中国政法大学召开首次德育工作会议，并在会上通过了《中国政法大学关于"三全育人"的规定》。1997年4月15日，法大校团委向全校青年团员发出了"争做文明法大学子"的倡议，各系积极行动，制定了《学生文明公约》等规章制度。1997年以来，中国政法大学不断加大学生工作的力度，提高学生工作人员、管理人员的素质，狠抓教书育人、服务育人和管理育人，使学生工作不断迈上新台阶。1990年10月，为完善学生政工队伍的建设，加强学生政治思想工作，中国政法大学制定了《学生辅导员工作条例（试行）》。1991年9月，根据国家教委《普通高等学校学生管理规定》，结合法大实际情况，开始试行《学生违纪处分条例（试行）》，并于1996年7月修订了《学生违纪处分条例》。这一时期还制定了《"三好"学生、优秀学生干部、先进班集体评选办法》《研究生院关于在研究生中开展评选优秀学生、优秀学生干部活动的试行办法》《学生社团管理办法（试行）》《学生公寓管理规定及处罚条例》等一系列与学生学习生活紧密联系的规章制度。

财务审计制度逐步健全。复办后，百废待兴，财务审计工作亟待规范。中国政法大学于1990年制定了《审核、审批制度》《现金管理制度》《收费管理制度》《固定资产管理办法》《对外办学收入分配及财务管理办法》《小额创收管理办法》等，加强对财务审计的监督和管理。1994年12月，中国政法大学党委还决定成立中国政法大学建设与发展基金，建立基金理事会，批准《中国政法大学建设与发展基金章程》，为法大建设与发展提供保障。

后勤服务保障制度不断出台。这一时期，法大也积极建设后勤保障相关制度，制定了《医疗费报销制度》《教职工公费医疗管理办法（试行）》《用电管理办法（试行）》《用水管理办法（试行）》《校园环境卫生管理办法》《学校绿化管理办法》《房屋管理办法》《电话管理规定》《治安安全管理规则》等制度，标志着后勤服务保障制度建设步入正轨，体现了中国政法大学制度建设更加系统和全面。

第三节　稳步推进阶段（2000 年—2012 年十八大）

进入 21 世纪，随着中国政法大学整建制划归教育部和学校领导班子的重大调整，学校迎来了新的发展契机。划归教育部之后，法大逐渐融入中国高等教育的主流，制度建设也迈上新的台阶。民主管理制度建设成果显著，社会参与相关制度登上历史舞台，教学科研及人事等制度建设逐步完善。2007 年全国高校第十六次党的建设工作会议指出，要坚持和完善高校党委领导下的校长负责制，积极探索党委领导、校长负责、教授治学、民主管理的有效途径和办法。中国政法大学按照会议要求，进行了一系列的制度改革。

一、管理决策机制实现"质"的飞跃

（一）党委领导下的校长负责制推进

为坚持和完善党委领导下的校长负责制，法大继续建立健全相关制度。2001 年修订了《常务委员会议议事规则》《中共中国政法大学委员会书记办公会议事规则》《校长办公会议组织办法》，进一步明确了委员会常务委员会（本章简称"常委会"）在党的委员会全体会议（本章简称"全委会"）闭会期间，行使全委会职权，领导学校工作。常委会对全委会负责并报告工作。常委会研究和决定事关学校改革发展稳定和教学、科研、行政管理及党的建设等方面的重要事项。校长办公会的议事范围为学校教学、科研、人事、后勤、财务、学生管理等行政工作的重大问题及其改革事项。校长负责处理学校的日常教学科研活动，完善学校的管理，校长全权代表学校并被赋予校长决策权、指挥权、人事权和财务权，同时负责健全学校领导机构核心机制。2002 年法大出台《中共中国政法大学委员会关于建立党建工作督导制度的规定》，进一步加强了党委领导建设。

（二）校院两级管理制度推进实行

为了提升行政管理水平、提高工作效率，进一步深化改革、促进法大的发展，从 2002 年初开始，中国政法大学开始筹备全校的院系专业调整，并在院系调整完成之后，实行校院二级管理体制。各院系（部）与学校在教学、科研、学科建设、研究生培养等方面形成校、院两级管理体制，为二级管理的主体机构，负责院（部）内全面管理工作。院以下按专业分系，为虚设机构，仅负责组织本专业教学工作。以研究所取代原有的教研室，为法大建设研究型大学提供实体上的支持。

（三）法大产生历史上第一部办学章程

为了明确学校的法律地位，实现学校治理的科学化、民主化、法治化，依照《教育法》《高等教育法》等法律，遵循国家教育方针和高等教育规律，2007 年 10 月 26 日，中国政法大学制定第一部《中国政法大学章程》（本章简称"章程"）。章程于 2008 年 1 月正式施行，是全国较早制定章程的高校之一。章程对法大的办学历史、校名校徽、学校功能、组织机构、教职员工及学生基本情况等作出了明确规定。法大明确章程在校内制度体系中的核心地位，将章程作为办学治校的"总纲领"、全校规章制度的"母法"和决策决议合法性审查的首要依据。2010 年，经中国政法大学教代会审议，对章程中法大英文名称、办学定位、国际化发展战略等条款进行了修订。

中国政法大学以章程为核心，紧密围绕党委、行政、学术、民主等办学治校主要领域，逐步建成规范统一、运行高效的校内"法典"体系。"党委"篇以党委领导下的校长负责制为根本，统领全面从严治党、党风廉政建设、意识形态、思想政治、统战群团、干部管理等各项规定；"行政"篇围绕深化综合改革，包含教学科研、行政管理、人事管理、国内合作、财务管理、后勤服务、基建招标等各方面建设；"学术"篇基于学术委员会章程，构建学术管理、学风建设、学术规范等具体制度；"民主"篇从师生权益出发，涵盖教职工代表大会、学生代表大会、师生权益保护、民主决策等落实师生民主权益的相关制度。校内规章制度分类科学，层次清晰，相关办法按规定及时向主管部门报备。

二、民主管理制度、教授治学体制体系建立

（一）民主管理制度稳步推进阶段基本情况

全面推行校务公开。这一时期，为了加强民主管理与民主监督，促进改革与发展，抓好校务公开制度的建设和实施，中国政法大学决定全面推行校务公开工作。2001年法大出台《关于全面推行校务公开工作的意见（试行）》，并根据此意见，制定了《校务公开细则（试行）》。校务公开内容包括：政务公开、财务公开、人事公开、党务公开、学生教育管理公开、项目资产公开，并通过教代会、校务公开专栏、校园网、广播台、新闻发布等形式进行公开。校务公开制度的完善，进一步健全了法大的民主制度，推动了法大的改革、建设与发展。2009年法大制定《信息公开实施办法（试行）》，建立了规范化、体系化的信息公开制度。2012年法大出台《中共中国政法大学委员会党务公开实施办法》，进一步完善了党务公开制度。

建立健全校内救济机制。自成立以来，中国政法大学高度重视保障和维护师生权益，通过不断建立健全各项民主管理、民主监督制度规定，充分保障广大师生的知情权、参与权和表达权。健全信访制度，2003年制定《信访工作实施细则》，并于2007年颁行《信访工作规定（修订）》，充分保障信访人合法权益；实行学生听证制度及申诉制度，2005年，制定《学生听证及申诉规则》《学生违纪处分条例》等，进一步拓宽学生救济途径；2006年制定《教职工代表大会工作办法》《二级单位教职工代表大会暂行办法》，2006年制定《接待教代会代表日办法（试行）》，2010年出台《中国共产党中国政法大学代表大会代表提案制实施办法（试行）》，进一步畅通广大教职员工表达诉求表达渠道。

首创教代会代表、教师及学生代表列席校长办公会制度。作为一所极具

法科特色的高等院校，法大一直致力于探索和建设行之有效的民主管理和民主监督制度。经过多方讨论，法大开拓性地建立了教代会代表、教师及学生代表列席校长办公会制度，两委委员（党委委员、纪委委员）、党代表列席党委常委会制度。并于 2005 年制定《教代会代表列席校长办公会议办法》，2009 年制定《学生代表列席校长办公会议办法（试行）》等相关制度，明确了在校长办公会召开期间，教代会代表、教师代表或学生代表有权列席，享有知情权。

（二）教授治学体制稳步推进阶段基本情况

建立终身教授制度。2001 年 10 月 12 日，作为加强学科建设、鼓励科学研究的重要举措之一，中国政法大学决定授予江平、陈光中、张晋藩三位教授为"终身教授"，法大终身教授制度由此诞生。2006 年，在原有三位终身教授的基础上，法大决定聘任李德顺教授为终身教授。2009 年，法大决定聘任著名行政法学者应松年教授为第五位终身教授。

制定学术委员会章程。为规范和加强学术委员会建设，完善内部治理结构，保障学术委员会在教学、科研等学术事务中有效发挥作用，落实教授治学，依据《高等教育法》、教育部《高等学校学术委员会规程》，在设立中国政法大学学术委员会的基础上，法大于 2002 年出台《中国政法大学学术委员会章程》，明确了校学术委员会的组成、职责、职能和会议制度等，强调了专门委员会和院级学术委员会的构成及决议事项，并于 2002 年制定《院级学术委员会设立办法》。

三、社会参与制度起步发展

20 世纪 80 年代，在经济体制改革浪潮的推动下，我国重新确立了产学结合的教育方针，并引入美国产学合作的教育模式。2010 年《国家中长期教育改革和发展规划纲要（2010—2020 年）》指出，公办高校要"扩大社会合作，探索建立高等学校理事会或董事会，健全社会支持和监督学校发展的长效机制"，提倡高等学校要积极与行业、企业密切合作共建，推进与科研院所、社会团体的资源共享，形成协调合作的有效机制，提高服务经济建设和社会发展的能力。

中国政法大学从 2009 年下半年开始筹备董事会，2010 年 3 月 25 日，召开校董会筹备会议，2010 年 12 月 12 日在北京举行成立大会，会上通过了《中国政法大学董事会章程》，进一步明确了校董会的组织机构，职责、权利与义务等。中国政法大学董事会的成立标志着法大在深化办学体制改革、不断扩大开放合作、加快推进产学研结合方面又迈出了重要步伐。

四、其他管理制度不断改革创新

（一）教学、科研制度发展情况

自划归教育部后，法大获得本科生专业自主设置权和招生权，开设了双专业、双学位培养模式，进行了招生录取制度、本科教学制度、科研制度等一系列改革。

自主招生制度改革。2003 年 2 月 27 日，教育部批准法大为全国 22 所高等院校自主选拔录取改革试点院校之一。根据教育部教学厅〔2003〕2 号文件的有关规定，自主选拔录取改革试点工作要认真贯彻党的教育方针，体现教育创新、素质教育的要求，遵循公平、公正、公开、择优录取的原则。按照文件要求，法大制定了《自主选拔录取本科学生暂行办法》，参照该办法开展自主选拔录取考生的工作。

本科教学制度改革。2002 年 12 月 14 日，中国政法大学教学改革会议隆重召开。会上明确提出，法大将从教学方面进一步推进改革进程，确立教师教学的工作规范，创新人才培养模式，建立教学督导制度、学生评教和学生咨询员制度、学院本科教学工作评估制度等，出台了《教学督导组工作条例》《本科课堂教学质量评估暂行办法》《教学事故认定及处理办法》《教师教学工作规范》《本科生培养模式暂行规定》《学分制管理条例》《新课程建设管理办法（试行）》等。2005 年制定了《教学指导委员会章程》《本科学分制管理办法》《本科教学计划管理办法》《教学成果奖励办法》，2009 年制定了《本科生辅修专业管理办法》《开放教育合作办学管理办法》，2012 年出台了《教学助理制实施办法》等，进一步保障了学校教育教学的正常运转。

研究生教育制度改革。 2004 年 6 月 5 日，中国政法大学研究生教育改革研讨会召开，就法大研究生内部结构及研究生培养的可持续发展进行了深入探讨。会上明确指出，要进一步健全完善导师遴选制度和人才培养模式。在导师遴选制度方面，淡化导师身份性，强调其岗位理念，提高导师遴选门槛，将科研成果和实践课题作为考察因素，从而制定了《研究生导师职责规范》等制度。在人才培养方面，提出引进研究生弹性学分制，引进课程学习和课题研究相结合的培养模式，制定了《博士生基金管理办法》《学术型硕士研究生奖学金管理办法》《博士研究生奖学金管理办法》等。

科研制度改革。 2002 年 9 月 28 日，以"求上乘精品，问大道学术"为主题的中国政法大学科研发展论坛召开。会上明确指出，要建立科学的评价机制，完善考核机制，规范管理制度，提供科研保障。会后，法大出台了《中国政法大学学术规范》《科研评价办法》《科研考核办法》《教学科研人员科研定额规定》及科研管理等方面的制度。2003 年 6 月，法大出台汇编了科研管理各项规章制度的《中国政法大学科研管理典》。2004 年 6 月，法大又对该科研管理典进行了修订。该典加强了科研管理部门对科研活动的管理，促使科研管理工作走上规范化、制度化道路。

（二）人事管理制度发展情况

自 2001 年法大新一届领导班子上任以来，学校对人才引进工作非常重视，将这项工作与学校的战略发展联系在一起，并相应地改革了用人制度，完善了考核、奖惩制度。2002 年 1 月，法大出台《优秀人才引进办法（试行）》，明确了今后重点引进的对象，并规定了引进的优秀人才必须通过学术能力评价等考核程序。除此之外，法大进一步深化人事制度改革，2002年确立了院（部）行政领导竞聘上岗制度，并出台《校部机关和院系处级领导干部选拔任用规定》；2004年制定《关于聘用校内退（离）休高级专家的暂行办法》；2006年法大正式施行《人才派遣暂行办法》，并修订《教师聘任制暂行办法》。

（三）财务及后勤制度发展情况

这一时期，中国政法大学财务、后勤等领域也进行了一系列改革，不断建立健全各项规章制度。财务方面，2001年出台了《经济责任审计实施办法》，2004年制定了《财务公开实施细则》，2005年制定了《横向、纵向科研项目和经费管理办法》《预算管理及经费审批暂行办法》《专项资金管理暂行办法》，2006年制定了《经济责任制》，2007年编撰《财务管理典》等。后勤方面，为贯彻国办发〔2000〕1号文件精神，法大进一步深化后勤改革，包括管理体制改革、财务制度改革、人事制度改革、分配制度改革和产权制度改革等，相应制定《深化后勤改革期间后勤集团、劳服中心财务管理规定》《后勤实体负责人聘用实施细则》等制度。

第四节　成熟完善阶段（2013年至今）

2012年，教育部出台《教育部关于全面提高高等教育质量的若干意见》，对高等教育及高校发展提出新的要求。党的十八大会议强调，要坚持教育优先发展，全面贯彻党的教育方针，坚持教育为社会主义现代化建设服务、为人民服务，把立德树人作为教育的根本任务，培养德智体美全面发展的社会主义建设者和接班人。中国政法大学深入贯彻落实《国家中长期教育改革和发展规划纲要（2010—2020年）》，坚持依法治校，优化校内各项规章制度，以实现高质量内涵式发展。

一、管理决策机制逐步成熟

（一）坚持党委领导下的校长负责制

中国政法大学坚持和完善党委领导下的校长负责制，把握"集体领导、党政合作、科学决策"的关键点。2016年和2019年两次修订《党委常委会议议事规则》《校长办公会议议事规则》，2017年修订《党委会全体会议议事规则》，2019年出台《中共中国政法大学委员会关于贯彻落实党委领导下的校长负责制的实施办法》，将党的领导贯穿于学校事业发展的全过程。建立书记、校长每周通报情况和学校领导班子每周碰头机制。坚持思想建党和制度治党紧密结合，出台《党建工作责任制实施办法》《加强学校领导班子沟通协调的实施办法》《贯彻"党委领导下校长负责制"实施细则》等，进一步明确党委负责制，优化领导班子沟通协调机制。修订《"三重一大"决策制度实施办法》，全面落实师生参与、专家论证、风险评估、合法性审查和集体讨论决定的程序要求。涉及师生切身利益的重大决策，通过教职工代表大会或其他形式听取广大师生员工的意见和建议。将合法性审查意见作为校长办公会、党委常委会审议涉法议题的必经前置程序。充分尊重法制部门独立发表法律意见的权利，通过"法律意见书"的形式为学校决策提供参考。

（二）深化校院两级管理体制改革

十八大后，中国政法大学以简政放权为重点，通过学校分权，下移管理重心，转变管理职能，优化服务流程，确立学院办学主体地位，逐步建立起学校宏观管理、部门统筹协调、学院自主运行的校院两级管理体制和制度体系。出台《关于深化校院两级管理体制改革的若干意见》《校部机关职责清单、审批清单、服务清单》等制度，厘清校院两级责任、权力、服务的界限与内容。推进院系依法治理，制定《院级党政联席会议事规则》《院级党组织会议事规则》《学院党组织工作规则（试行）》《关于进一步推进二级单位贯彻落实"三重一大"决策制度的意见》等，完善学院党委领导、党政联席会议决策、院长负责的运行机制。

二、民主管理制度、教授治学体制不断优化

（一）民主管理制度成熟完善阶段基本情况

推进决策民主参与。随着现代大学制度的不断完善，民主管理制度在高校制度建设中的地位愈发重要。法大自建校以来高度重视师生民主权利，不断畅通师生诉求表达渠道，广泛听取师生意见和建议，切实做到"师生有所呼，学校有所应"。通过修订《信访工作办法》《校领导接待日实施办法》，进一步保障信访人合法权益，拓展学校与师生的联系渠道。2019年出台《投诉建议处理办法》，建立网上投诉建议平台，形成全校统筹协调、部门分工负责的投诉处理机制。优化完善《教职工代表大会工作办法》《学生听证及申诉办法》，制定《教职工代表大会提案工作办法》，提高广大师生参与学校管理层次。修订《中国政法大学二级单位教职工代表大会暂行办法》，依法维护教职员工的合法权益。

搭建合规管理体系。法大以合规体系建设为重点，推进全方位法律风险防控制度建设。2019年出台《合同管理办法（试行）》，作为统筹全校合同管理的纲领性文件，明确合同管理由承办部门、归口部门、综合管理部门各司其职，相互配合。细化了合同草拟、审核、订立、履行、归档、监督等流程，加强对各类对外签订的经济类合同的管理。贯彻"放管服"，将与人才培养、科学研究等相关的非学历、非经济类合同的签署授权各二级单位。压实归口部门管理职责，归口部门陆续制定《本科人才培养合同管理细则》《涉外合同管理细则》《国内合作合同管理细则》等，强化业务监管力度，夯实合法合规基础。2013年法大制定《督办工作办法》，依据该办法对各项重

点工作进行督查督办，建立了党委统一领导、分管校领导主抓、牵头部门负责落实、相关部门协同办理的工作机制。2015 年制定《法律事务管理办法》，统筹协调处理重点疑难案件，进一步规范了法律事务管理，优化了学校内部治理结构。

（二）教授治学体制稳步推进阶段基本情况

健全学术委员会制度。法大始终坚持教授治学，不断优化和完善学术委员会制度，依据教育部《高校学术委员会规程》，修订《学术委员会章程》，细化学术委员会组成、职权、运行制度，明确校学术委员会各专门委员会规程和院级单位学术分委员会章程制定原则，健全学术委员选举制度，确保顺利完成换届工作。保障学术委员会在学科建设、专业设置、学术评价、学术发展、教学科研计划方案制定、教师队伍建设等方面统筹行使决策、审议、评定和咨询等职权。推动构建院级教授委员会制度，2013 年在法学院成立首个院级教授委员会，在教授治学方面迈上新台阶。2014 年开始对各院提交的院级教授委员会制度实施申请书立项制度，逐步推进第二轮院级教授委员会制度的科学落实。

严格学术学风建设。积极健全学术组织运行机制。修订《学术规范》，制定《学风建设实施细则》，细化学术规范，列举了学术不端的具体行为类型，明确学术不端的调查程序、处理结果、救济途径等，成立学风建设工作领导小组，制定学校《师德建设标准》，严格实施师德学风一票否决制，建立优良学风的养成机制。修订并发布了《中国政法大学学位委员会章程》，以加强学位委员会建设，进一步完善学校内部治理结构，保障学位委员会在学位授予、导师岗位聘任等重大事务中有效发挥作用。

三、优化社会参与制度

学校积极完善校董会制度建设，2014 年修订《中国政法大学董事会章程》，进一步规范了校董会的职责、权利和义务。主动创建校友联络机制，制定《中国政法大学校友会章程》，明确了校友会会员、组织机构等事项，进一步加强了母校与校友、校友与校友之间的联系，有利于团结带领广大校友，为促进国家、社会、学校及校友的各项事业发展服务。

四、全面推行学校工作法治化机制

法大聚焦"十三五""十四五"规划发展目标，坚持依法治校"一盘棋"理念，增强科学性、有效性和系统性，深入研究依法治校领域的新问题、新特点、新焦点。积极发挥法治固根本、稳预期、利长远的保障作用，不断提高改革的参与度、公信度，以法治思维和法治方式推进改革发展。

法大适时开展章程修订工作，积极主动利用章程修订引领、支持改革创新。2011年教育部出台《高等学校章程制定暂行办法》（本章简称《办法》），对章程的制定进行了详细的规定。2013年—2015年，结合当时高等教育改革发展的形势，法大依据《办法》对章程在办学理念、办学自主权、内部治理结构、内外部关系、学校标识等方面进行了修改完善，在体例、内容、表述等方面进行了调整。2014年5月，在中国政法大学教代会上对章程修正案（草案）征求意见并进行了讨论，经校长办公会议审议，党委常委会审定上报教育部，并于2015年6月经教育部核准正式颁布。2019年底，法大收集整理最新颁布、出台的相关法律法规，调研部分高校章程修订情况以及教育部意见建议，对照分析章程条款，认真研讨需要纳入章程的新表述、新精神，结合学校实际，形成《中国政法大学章程（修订初稿）》。2020年12月初，法大依据最新发布的《中共北京市委组织部、中共北京市委教育工委关于修订完善高校院（系）党委会会议和党政联席会议议事规则的通知》对章程中涉及党政联席会议的内容进行修订，形成章程修订对照表（第三稿）。

法大积极开展规章制度汇编和"立改废释"工作，2016年和2021年以章程为核心，紧密围绕党委、行政、学术、民主、社会合作等主要领域，对校内各项规章制度进行整理归纳，汇编成册，印发《学校规章制度汇编》。

积极建立规范性文件合法性审查工作机制，制定《学校规章制度管理办法》，推行起草部门主责审查、法治工作部门合法性审查、聘请校内外相关专业法律专家专业性审查的"三审机制"，定期开展规范性文件"立改废释"，编纂现行有效制度电子库，以便利师生查阅。

五、其他管理制度日趋完善

（一）教学、科研制度发展情况

继续完善本科、研究生教育教学制度。2013 年起，法大开展"三学期制"教学制度改革。在固有的春秋学期外，设立"一实一虚"两个独立第三学期，进一步丰富课程资源，全面提升本科人才培养的国际化教育水平，突破既有的学制、学时、学分等制度性限制，进一步强化学生在学业修读过程中的主动性和能动性。

这一时期，法大大力进行制度创新。2013 年制定《本科生参加国际学术会议资助办法》《中国政法大学本科生国际交流培养资助办法》，构筑本科生国际化培养资助体系。2014 年校长办公会审议并通过了《中国政法大学研究生同等学力人员课程学习及水平认定考试办法（试行）》。该办法通过后，法大将同等学力人员课程学习水平认定考试和授予同等学力人员硕士学位工作纳入研究生教育体系，实施统一管理。2015 年出台《交叉学科培育建设管理办法》，2017 年制定《新兴学科培育计划管理办法》《交叉学科繁荣计划管理办法》，促进新兴学科和交叉学科发展。2015 年校长办公会审议通过《中国政法大学学位论文抽检办法》《学位论文学术规范审查办法》，旨在进一步提高研究生学位论文整体水平。2017 年制定《研究生导师招收博士研究生条件认定办法》和《研究生导师指导硕士研究生条件认定办法》，标志着法大打破研究生导师终身制，正式开始施行研究生导师岗位聘任制。改革完善研究生招生制度，修订《硕士研究生招生办法》《博士研究生招生办法》，博士研究生招生全面实行"申请审核制"。2020 年出台《中国政法大学一流本科课程建设管理办法》，进一步完善本科课程体系建设，构建具有法大特色的美育课程体系，出台《中国政法大学教材选用管理办法》，加强特色教材编写和教材选用管理。

持续优化科研管理制度。着力推动科研管理制度改革。多次修订《科研项目经费使用管理办法》，进一步完善了经费使用制度，提高资金使用效益。修订《中国政法大学期刊分类办法》，进一步完善了期刊分类等级，提升了学校的整体学术水平。修订《科研成果奖励办法》，大幅度提高对社会服务成果的奖励力度。修订《科研工作考核办法》，更加注重对教师科研成果质量的考核。修订《青年教师学术创新团队支持办法》《校级科学研究项目管理办法》等，进一步完善科研制度和激励机制。制定《中国政法大学新型研究机构管理办法》，扩充办学资源，创新科研组织模式，提升科学研究和社会服务能力。制定《"法大智库"团队建设支持办法》，明确对智库团队的支持措施。编制《中国政法大学科研管理典》，全面提升科研质效。

（二）人事管理制度发展情况

深化人事管理制度改革，完善体系化建设。法大高度重视师资队伍建设工作，根据旧的人才引进办法进行修改，出台了《中国政法大学优秀人才引进办法》，加大了人才引进力度，推进二级单位院级引进人才机制建设。重视人员培训，出台《管理岗位培训办法》。制定《编制外用工人员管理规定》，逐步建立信息库，规范编外人员管理。修订《教师岗位考核办法》《专业技术岗位设置与聘任办法》，完善了多元化教师考核评价机制。积极成立劳动人事争议调解委员会，建立了完善的教师权益保障制度。

（三）财务及其他制度发展情况

这一时期，中国政法大学着眼财务、资产、后勤等重点领域，健全重点领域管理制度，制定、修订《固定资产管理办法》《招投标管理办法》等90余份重点领域规范性文件。

不断完善财务内控制度体系建设，加强财务管理。制定《会计基础规范》《决算编制管理办法》《货币资金业务监督检查制度》《经营性收入财务管理办法》等。修订完善学校《财务管理典》，加大监管力度，规范财务运行。

持续推进审计制度建设，不断提高审计效益。2013年根据国家及法大有关科研项目经费管理的规定，制定《科研项目经费决算审签实施办法》，加强了科研经费管理，保证科研经费使用的合法性和有效性。制定《建设工程管理审计办法》《加强审计整改工作管理办法》等，进一步强化审计监督，突出重点领域审计。

积极健全校产管理制度，完善资产管理体系。制定了《国有资产管理办法》《无形资产管理办法》等，在广泛调研的基础上，结合法大实际情况，制定了《公用房管理办法》《周转房管理办法》等。

主动优化后勤管理制度，提升后勤服务质量。积极制定、修订《后勤服务质量管理体系管理文件汇编》《后勤服务质量管理体系程序文件》。

坚持完善学生管理制度，切实做好学生管理工作。制定《学生管理预警制度》《班级心理健康委员制度》等制度，修订《学生违纪处分条例》《学生离校请假管理办法》《研究生国家奖学金评审暂行办法》等，充分保障学生合法权益。

这一时期，法大大力推进各项制度建设，在基建、信息化建设、开放教育、安全保卫等方面建立健全了一系列规章制度。例如，为了规范学校招标采购活动，制定了《招标采购管理暂行办法》；为完善信息化建设系统，制定了《信息系统数据管理办法》《信息网络安全管理办法》；为进一步规范学校培训费收入及分配管理，提高办学效益，出台《开放教育办学收入分配办法》《开放教育高端培训项目管理办法》等。

70余年来，中国政法大学始终致力于制度建设，不断提升各项工作的规范化、制度化。坚持推进内部治理结构改革，建设现代大学制度。积极完善党委政治权力、校长行政权力、教授学术权力、师生民主权利、社会参与权利各负其责又互相配合、互相监督的协调运行机制、坚持和完善党委领导下的校长负责制；健全以学术委员会为核心的学术权力体系，健全学术委员会与学位委员会的运行制度；完善教职工代表大会、学生代表大会等民主管理和决策的制度体系；探索依托校董会扩大社会参与学校治理的途径和方式。持续推进依法治校，不断完善以《中国政法大学章程》为基本法，以学科建设、人才培养、科学研究、队伍建设等专项管理制度为支撑，以有关实施细则为辅助的制度体系，构建的具有法大特色的"党委领导、校长负责、教授治学、民主管理、社会参与、依法治校的治理结构"，形成了以制度支撑和组织保障为条件的现代大学制度。

第五章 文化传承

蓬勃向上的校园文化

第一节　历次重大校庆活动

一、十周年院庆

1962 年 11 月 23 日，北京政法学院"建校十周年庆祝大会"在海淀校区大礼堂举行。时任最高人民法院院长谢觉哉、最高人民检察院副检察长张苏等领导出席了庆祝大会。大会由时任北京政法学院副教务长雷洁琼主持，时任北京政法学院党委书记、副院长刘镜西致辞，时任最高人民法院院长谢觉哉讲话。北京市人民检察院、北京法律协会等单位代表，中央政法干部学校、北京大学等兄弟院校的代表与部分师生校友一起参加了大会。大会收到来自 11 个地区，代表 30 多个机关的 18 封贺信。教育部部长杨秀峰于当天下午来到学院看望了师生。

二、四十周年校庆

1992 年 5 月 5 日，中国政法大学建校 40 周年庆祝大会在昌平校区礼堂隆重举行。时任全国人大常委会副委员长雷洁琼，最高人民检察院检察长刘复之，监察部部长尉健行，全国人大内务司法委员会副主任委员、中国法学会会长邹瑜，司法部部长蔡诚等领导出席了庆祝大会。大会由时任中国政法大学党委书记杨永林主持，时任常务副校长陈光中作校长报告，司法部部长蔡诚代表司法部讲话。兄弟院校代表与校友代表 900 多人与全校师生一起参加了大会。同时还举办了建校 40 周年学术报告会、教学科研成果展和文艺演出。

三、五十周年校庆

2002年5月5日，中国政法大学建校50周年庆典在北京人民大会堂隆重举行。时任国家主席江泽民、全国人大常委会委员长李鹏分别题词表示祝贺。时任中共中央政治局委员、全国人大常委会副委员长姜春云，全国人大常委会副委员长曹志，全国政协副主席任建新、罗豪才、王文元，最高人民法院常务副院长祝铭山，最高人民检察院常务副检察长梁国庆，教育部部长陈至立等领导出席了大会。庆典由时任校党委书记石亚军主持，时任中央政治局委员、全国人大常委会副委员长姜春云，教育部部长陈至立讲话。历届校友和师生约6000人参加了庆典。由中国广播艺术团和中央电视台联合举办的"庆祝中国政法大学建校50周年文艺晚会"于当晚在昌平校区礼堂举行。

四、六十周年校庆

2012年5月16日，庆祝中国政法大学建校60周年大会在昌平校区礼堂隆重举行。时任全国人大常委会委员长吴邦国、国务院总理温家宝、全国人大常委会副委员长兼秘书长李建国、全国人大常委会副委员长李铁映等党和国家领导人发来贺信和题词。时任第十一届全国人大常委会副委员长周铁农，最高人民法院院长王胜俊，最高人民检察院检察长曹建明，全国人大常委会副委员长成思危，全国政协副主席罗豪才等出席大会。大会由时任校党委书记石亚军主持，时任教育部副部长、党组成员杜占元，时任北京市委常委、市委教育工委书记赵凤桐讲话。中央和国家机关有关部门领导、各省市领导，国内外知名学者代表、校友代表和师生代表等1600多人参加了大会。"甲子法大·玉兰芳华"60周年校庆文艺晚会于当晚在昌平校区田径场举行。

五、六十五周年校庆

2017 年 5 月 3 日，在中国政法大学建校 65 周年前夕，中共中央总书记、国家主席、中央军委主席习近平来到学校考察。他强调，全面推进依法治国是一项长期而重大的历史任务，要坚持中国特色社会主义法治道路，坚持以马克思主义法学思想和中国特色社会主义法治理论为指导，立德树人，德法兼修，培养大批高素质法治人才。

2017 年 5 月 16 日，中国政法大学 65 周年校庆大会在昌平校区学术报告厅隆重举行。大会以"学习贯彻总书记视察中国政法大学重要讲话精神，积极行动起来全力推进学校'双一流'建设"为主题，由副校长冯世勇主持，时任党委书记石亚军致辞。时任最高人民法院副院长姜伟，最高人民检察院副检察长徐显明，司法部副部长、政治部主任王双全宣读共建支持函并讲话。

习近平总书记在考察法大时参观了中国政法大学 65 周年校庆特展，该展室涵盖校史展和办学成果展两大部分和党建筑基、思政育魂两个专题特展，见证了几代党和国家领导人对中国政法大学和中国法治建设的关心和支持，展示了法大在人才培养、学术研究、社会服务、文化传承等方面所取得的日新月异的发展成就。2019 年 5 月 16 日，"中国政法大学 65 周年校庆特展"数字虚拟展厅上线。至 2024 年，7 年间该展览接待了来自中央政法委、最高人民法院、最高人民检察院、司法部、北京市教工委等众多单位领导参观。

六、七十周年校庆

2022 年 7 月 10 日，庆祝中国政法大学建校 70 周年大会在昌平校区礼堂召开。这次大会因新冠肺炎疫情原因而推迟。十九届中央委员、十三届全国人大常委会副委员长、党组成员曹建明，十三届全国政协副主席、民革中央常务副主席郑建邦，全国人大常委会委员、全国人大监察和司法委员会副主任委员、教育部高等学校法学类专业教学指导委员会主任委员、中国法学会副会长、中国政法大学原校长徐显明，最高人民法院党组成员、副院长高憬宏，最高人民检察院党组成员、副检察长陈国庆，司法部党组成员、副部长左力，北京市委常委、市委教育工委书记夏林茂等领导出席大会。大会由中国政法大学党委书记胡明主持，教育部党组成员、副部长宋德民作视频讲话，北京市委常委、市委教育工委书记夏林茂讲话。法大师生、校友以及关注支持学校发展的各界人士20余万人次线上线下参加此次大会。

2022年9月6日，中国政法大学70周年校史展开展。70周年校史展位于海淀校区教学图书综合楼二层，是庆祝法大建校70周年校庆的重要工程之一。2021年起，中国政法大学面向校内外各类人士征集校史资料，历经多部门一年的通力协作最终落地。展览通过拱门红砖、校歌校训，讲述砥砺七秩奋进路，迈步法治新征程的法大故事。2023年3月，"中国政法大学70周年校史展"数字虚拟展厅上线。

第二节　评选活动

一、"榜样法大"奖学金评优颁奖典礼

自2005年起，为鼓励学生成长成才，中国政法大学学生处通过创新日常评奖评优工作，在原有奖学金颁奖活动基础上，升级打造的"榜样法大"系列活动。截至2022年12月已连续举办了17届，每年有2000名在校学生参加典礼，累计参与学生达3.4万人次。"榜样法大"不仅仅关注学业成果，也关注学生在志愿服务、社会实践、学术科研等方面的全面发展。活动每年倡导不同的主题，2006年是"乐学善创，志在成才"，2018年是"学习，让

美好发生"；从2019年起，"榜样法大"的主题固定为"榜样，凝聚前行力量"。2015年"榜样法大"首度推出《中国梦·法大魂》话剧演出；2019年起，采用"榜样微讲述"的形式，制作并推送"榜样法大"系列微电影，推出《榜样法大》《法大学子的追梦故事》《我为什么学习》等系列视频，为"榜样法大"打造持续不断的影响力。

二、"自强之星"暨"感动法大人物"评选表彰活动

为鼓励和褒奖家庭经济困难学生励志成才，"自强之星"暨"感动法大人物"评选表彰活动设立于2006年，截至2023年共举办13届，16年来共评选出142个"感动法大人物"和1131名"自强之星"。"感动法大"的舞台见证了法大人追梦圆梦的奋斗故事，在感动与被感动中进行着关于奋斗的接力与传承。获奖学生中，有携笔从戎、支教不止的退伍学生；有研读藏学、回报桑梓的文化使者；有勤学苦练、志向远大的国防生；有志坚不摧、乐观向上的优雅舞者；有为家尽孝、为国尽忠的法大胡杨；更有铁肩担道义，忠诚铸检魂，治沙显大义，正气励后人的杰出校友。2019年，"感动法大人物候选人"的网络投票数达到10万余人次，投票链接访问量达到近50万人次。人民网、新华网、法制网等各大新闻媒体对该项活动进行了广泛的宣传报道。

三、江平民商法奖学金颁奖典礼

2000年，在江平先生七十岁生日的时候，他说："有一个很真诚的愿望，希望能够回报社会，能够通过自己的力量，再为社会做一些贡献。"他拿出自己的积蓄，在王泽鉴教授和社会各界人士的大力支持下，成立了江平法学基金，设立江平民商法奖学金，旨在奖励在民商法学习和研究方面成绩优异的青年学生。在第20届江平民商法奖学金颁奖典礼的舞台上，江平先生说道："从某种意义上来说，这个奖学金是我的孩子，我把我一生的关注及关

文化传承：蓬勃向上的校园文化

怀都放在了这里。"

奖学金评选采取"初试—复试—面试"三轮竞争制，到2022年共有374名学生获奖，770余名学生入围，三万余名学生参与观看颁奖典礼。通过江奖评选和颁奖典礼这一平台，以"评"赛学风，以"奖"扬学风，积极促进学风建设；通过江奖筹办和组织这一过程，以"情"感学生，以"德"育学生，扎实推进立德树人。如今，"江奖"评选范围现已扩展涵盖多所国内一流的法学院校，得到了众多法学院校和法科学子的认可，也成为众多法科学子共同的学术盛事。

四、曾宪梓教育基金－英才奖学金

金利来集团有限公司董事局主席、中华全国工商业联合会副主席曾宪梓先生曾三次向中国政法大学捐资助学。1993年出资100万元在法大设立"曾宪梓教育基金"，用于奖励优秀的青年教师；2007年向法大出资200万元设立"英才奖学金"，用于奖励品学优良、学习勤奋、成绩优秀、家庭经济困难的本科学生；2017年，曾宪梓教育基金会又向法大捐款200万元继续设立"英才奖学金"。"英才奖学金"每年资助40人，每人奖励5000元。截至2022年，共有640名品学兼优的学生获得"英才奖学金"。

五、校长奖学金

2008年，中国政法大学开始设立校长奖学金。该奖项是法大设立的学生最高奖学金，同一学制内每名学生只能获得一次，奖励德智体美劳各方面综合表现优异、在学生中起到表率作用的法大全日制本科生和研究生。校长奖学金每学年评选一次，每次表彰不超过20人，奖励金额为每人10 000元。到2022年，共评选校长奖学金获奖者近两百余位，发放奖金总额近200万。

六、研究生奖学金

2011 年，法大研究生工作办公室开始研究生学业奖学金评选，旨在调动和激发学生从事科学研究和社会实践的积极性，鼓励广大学生成为具有较强创新精神和实践能力的人才。截至 2022 年共有 23 575 名学生获奖，受众人数覆盖 70%。

2011 年，法大开始为研究生提供奖学金、助学金和科研资助，当年新入学的一年级研究生，成绩优秀的可以享受"新生奖学金"，旨在激励学生勤奋学习、潜心科研、勇于创新、积极进取，在全面实行研究生收费制度的情况下支持研究生顺利完成学业。12 年来，共有 15 262 名学生获奖，奖励比例为 70%。

七、致公奖学金

为激励学生树立甘于奉献的良好品质，在积极进取、追求卓越中绽放青春光芒，实现青春理想，"北京基金小镇－致公奖学金"由北京基金小镇公益基金会于 2020 年在法大设立，连续评选 5 年，每年捐赠 20 万元。该奖学金用于奖励深入践行"厚德、明法、格物、致公"校训精神的德法兼修的法大学子，引导学生积极投身公益、奉献社会，勇于担当时代责任，自觉锤炼品德修为，努力成长为有理想、有本领、有担当的社会主义建设者和接班人。至 2022 年，共有 13 名学生获得"致公奖学金特别奖"，94 名学生获得"致公奖学金"。

八、吾爱吾师——最受本科生欢迎的十位老师

2002 年，中国政法大学"最受本科生欢迎的十位老师"评选活动开启，每两年举办一次，到 2021 年共举办 9 届。评选分为初选和正选两个阶段，采取线上与线下相结合的方式，让同学们从自己的观察视角，以自

己的评价标准评选出心目中最尊敬、最喜爱、最钦佩的老师。自第 7 届起，为了贯彻落实"全员全过程全方位育人"的理念，促进广大非教学科研岗教职工投入到人才培养的过程当中，特新增非教学岗"最受本科生欢迎的老师"评选环节，每届评选 1 位。20 年间，共评选出最受本科生欢迎的教师 93 位，其中教学岗教师 90 位；非教学岗教师 3 位。活动展现了法大教师严谨治学、勤俭从业、爱岗乐教的风尚，彰显了笃学求真、奉公为校、致善育人的风范，也有助于在校内营造尊师重教的氛围，实现教学相长、师生多方面互动。

第三节　志愿服务活动

一、北京亚运会

1990 年 9 月，中国政法大学师生参加了第 11 届亚运会的服务工作。1990 年 10 月，亚运会组委会群工部、团市委、首都精神文明办公室等 7 家单位联合作出决定，对"亚运交通岗"和"卫生监督岗"活动中的先进单位和个人进行表彰，中国政法大学"双岗"被评为"北京市区县局级全优标准亚运交通岗和卫生监督岗"，法律系被评为市"双岗"活动先进集体，李德平、郭宏斌被评为"先进个人"。中国政法大学文明拉拉队被评为"首都最佳文明拉拉队"，孙艳辉被评为"最佳指挥"，国际经济法系分团委荣获"固定观众组织奖"。

二、第 21 届世界大学生运动会

2001 年 8 月 22 日，第 21 届世界大学生运动会在北京开幕，中国政法大学大运军团表现优秀，获得"第 21 届世界大学生运动会彩虹志愿者培训工作优秀组织奖"、"21世纪报杯"彩虹志愿者知识竞赛冠军。在大运会志愿服务工作总结表彰大会上，法大又分别被授予北京市教工委"第21届世界大学生运动会组织工作先进单位"、大运会组委会"第21届世界大学生运动会组织工作先进单位"、第21届世界大学生运动会彩虹志愿者拉拉队金奖、第21届世界大学生运动会文明观众组织奖、第21届世界大学生运动会志愿服务工作组织奖银奖，大运会的全部集体奖项都被法大拿下。

此外，时任中国政法大学党委副书记兼副校长马抗美教授被组委会评为"第21届世界大学生运动会彩虹之友"，周建立、苏蓓两位同学被评为市级"彩虹之星"，刘健、杨旭、邱文栋、武聪颖、王倞、彭进海等8位同学被评为市级"优秀彩虹志愿者"。

三、北京奥运会

2008年8月19日，随着北京奥运会铁人三项比赛落下帷幕，作为铁人三项场馆的主责高校，中国政法大学圆满完成赛事的志愿服务工作；9月，法大圆满完成残奥会公路自行车赛、奥林匹克公园公共区、开闭幕式看台观众互动等各项赛事志愿服务工作，受到了社会各界的广泛好评。

四、北京国际田联世界田径锦标赛

在2015年北京国际田联世界锦标赛中，中国政法大学共有50位志愿者提供志愿服务，其中正式志愿者40人，后备志愿者10人。在9天的志愿服务工作中，法大志愿者主要负责鸟巢外围一线安检棚及鸟巢零层环道两个主要入口证件查验工作，累计上岗时长超过5000小时。

五、北京世界园艺博览会

在2019年北京世界园艺博览会中，中国政法大学共有766名同学报名，最终选拔出 230 名学生组成北京世园会法大志愿服务队。法大志愿者分布在 6 个不同的部门三十余个场馆中，开展了为期 8 天的志愿服务活动，展示了法大青年的风采。

六、国庆游行庆祝活动

1959 年 9 月 29 日，北京政法学院召开庆祝中华人民共和国成立 10 周年大会；10 月 1 日，部分师生参加国庆游行。[1]

1999 年 10 月 1 日，在中华人民共和国成立 50 周年之际，中国政法大学共有 710 名师生代表参加了庆祝活动，其中 560 名师生参加了群众游行，150 名师生参加了国庆联欢晚会。

2009 年 10 月 1 日，以中国政法大学师生为主体的第二十三方阵"依法治国"方阵参加庆祝中华人民共和国成立 60 周年群众游行，1396 名同学经过艰苦训练和周密准备，圆满完成这次重大任务。

2019 年 10 月 1 日，中华人民共和国成立 70 周年庆祝大会、阅兵式、群众游行在北京天安门广场隆重举行。中国政法大学 1063 名师生参加了以"同心共筑中国梦"为主题的群众游行，并有 73 名师生加入千人合唱团，参与晚间举行的广场联欢活动。

七、庆祝中国共产党成立 100 周年

2021 年 6 月 28 日，庆祝中国共产党成立 100 周年文艺演出《伟大征程》在国家体育场盛大举行。7 月 1 日，庆祝中国共产党成立 100 周年大会在天安门广场隆重召开。中国政法大学师生 283 人参加文艺演出合唱团，240 人参与文艺演出志愿服务，71 人参加庆祝大会合唱献词团，111 人参加庆祝大会观礼，用实际行动为党的百年华诞献上了法大师生最

---

〔1〕 刘长敏主编：《甲子华章——中国政法大学校史（1952～2012）》，中国政法大学出版社 2012 年版，第 56 页。

诚挚的祝福。

八、北京冬奥会和冬残奥会

在北京 2022 年冬奥会和冬残奥会中，中国政法大学 190 名志愿者参与服务保障北京 2022 年冬奥会和冬残奥会的开、闭幕仪式，选派场馆志愿者、赛事服务团队管理人员 4 人，志愿者培训师候选人 4 人，全员累计上岗 2060 人次，志愿服务总时长 19 770 小时，圆满完成国家体育馆志愿者、票务、交通、场馆通信、赛事服务 5 个业务领域的服务保障工作。

第四节　普法与实践活动

一、法律宣传与咨询

1985 年 5 月 6 日，中国政法大学法律知识应用与普及中心正式成立，组织学生分赴二十几个城市开展法律知识宣传活动。9 月 15 日，法大 60 余名师生在王府井进行法律咨询服务。北京市副市长陈昊苏、市委副书记金鉴、团中央书记处书记李源潮、团市委书记林炎志等到咨询点看望师生，并给予较高评价。

1986 年 7 月 10 日—24 日，中国政法大学团委组织 14 人暑期普法宣讲团在山东微山、临沂、沂南三地举办了多种形式的普法活动。《法制日报》《中国青年报》《北京日报》《北京青年报》等新闻媒体对普法活动进行了报道。

1992 年暑假，法大 5 个实践团分赴浙江温州、渤海湾沿岸开放城市、福建晋江、长江三峡及北海舰队进行普法调查。赴三峡实践团被北京市团市委评为"暑期社会实践先进集体"。1993 年寒假，组织普法调查组赴延安进

文化传承：蓬勃向上的校园文化

行普法活动。

1994 年暑假，法大 4 个实践团分赴贵州安顺、河北博野、辽宁彰武及山东沂蒙山老区进行普法活动。其中，赴贵州安顺、河北博野两个团被列入"首都大学生科技文化服务团"，法大还荣获由中共中央宣传部、国家教委、团中央三家单位联合命名的"全国社会实践先进单位"光荣称号。

1995 年 4 月 15 日，由中国政法大学法律系联合北京大学、中国人民大学、中央民族大学、中国人民公安大学及对外经贸大学共同开展"首都六所高校法律院系联合义务法律咨询活动"。

二、"论衡"辩论文化节

"论衡"系列辩论赛的前身是"天伦律师杯"辩论赛，2003 年由天伦律师集团赞助中国政法大学举办。从 2003 年至 2012 年，"天伦律师杯"辩论赛共举办 10 届，2013 年开始并入"论衡"辩论文化节。每赛季"论衡"辩论赛场次为 15 场，每学年累计 30 场，已累计举办 500 余场比赛。培养了肖磊、陈典、常乐、吴琼、徐洪洲、陶赛力、刘欣东、罗南森等 2000 余名学生辩手。新生赛季决赛现场的观众可达 400 余人，辩才赛季决赛观众可达 1000 人以上。

"论衡"辩论文化节分为"新生赛季"和"辩才赛季"，"新生赛季"被称作"小论衡"，是由院队一年级新生参与的比赛；"辩才赛季"称为"大论衡"，是由各个学院院队进行比赛。2019 年举办第 7 届"论衡"辩论文化节大众赛季；2020 年举办首届"论衡·沧海杯"网络辩论赛。除此以外，在赛季内还会开展辅助性"思辩"文化类活动：有"思辩文化论坛"、"法大说"校园脱口秀活动、综艺文娱活动等。

三、北京市大学生模拟法庭竞赛

北京市大学生模拟法庭竞赛是一项旨在促进高等学校法学专业教学改

革，培养法学专业大学生的合作意识，提高其实践和创新能力的公益性大学生创新实践活动。中国政法大学自 2009 年以来就作为北京市大学生模拟法庭竞赛的承办单位，至 2022 年成功举办 13 届赛事，共开展各项比赛 1000 余场，累计覆盖 20 000 余人次，参赛队伍从首届北模的 16 支队伍扩展至清华、北大、人大、法大等高校法科生组成的 48 支专业赛队。

四、大学生创业大赛

2010 年，中国政法大学在全校范围内举办大学生创业大赛，至今已成功举办 12 届创业大赛，通过创业大赛共计评审了 670 余个创业项目，产生了 112 个国家级和 50 余个校级大学生创业训练和实践项目；其中 20 个大学生创业团队入选"北京地区高校大学生创业优秀团队"，85 个创业项目获得"挑战杯""互联网＋"等创新创业竞赛北京市三等奖以上荣誉。

比赛实行全过程指导：赛前针对创业团队组建、创业项目选择、创业计划书等举办专场培训会；赛中针对创业项目遇到的问题进行一对一指导；赛后针对已立项项目举办创业财务知识培训、法律风险防范等讲座活动，继续指导创业活动。如今，创业大赛已经成为学生创业教育工作的重要载体，是推动法大创业教育工作的有力抓手。

五、"根植祖国大地·播洒法治阳光"基层校友寻访活动

2011 年，中国政法大学启动"根植祖国大地·播洒法治阳光"法大基层校友寻访活动。活动将视角聚焦于奉献在基层法治工作岗位上的法大人，通过深入挖掘基层校友的典型事迹和感人故事，弘扬基层法治建设者的爱国奉献精神，传承法大人躬耕不辍的法治梦想。学生记者利用假期寻访各地基层校友，采写人物稿件，学校在基层校友中评选杰出校友予以宣传，展示法大校友的形象和精神面貌。11 年间，法大共派出 300 余人次组成寻访团，深入全国 24 个省市，采访了近 600 余名基层校

友。寻访团的成果作为《法大人物》栏目的素材，于每周五下午推出，他们作为当期的"法大人物"，登上校园网的主页，并会在校报、官微等多个媒体平台出现。2017 年 3 月，活动入选第 3 届"礼敬中华优秀传统文化"特色展示项目。

六、"友思（Youth）"学习圈

中国政法大学"友思（Youth）"学习圈取"友以互助，思以为学"之意，致力于在大学校园内打造一种合作学习与自主学习相结合的新型教育模式。自 2014 年创设以来到 2022 年，已开展了 10 期，共创建了 718 个学习圈团队，开展线下活动 7500 余次、校级成果分享会 8 次，累计有 9000 余名师生参与其中。活动强化学习者个体的"自主学习"意识，以培养学习者的交互能力、实践能力、学习能力和创新能力为中心，团队成员围绕选定的主题进行思想与观点交流、经验与知识分享等，营造一种良好的自主学习、合作学习的氛围。

七、外语文化节

中国政法大学外语文化节自 2005 年起开始举办，到 2022 年已举办 18 届，形成了英语演讲比赛、英语写作比赛和英语翻译大赛为核心，"悦读研学"学术工作坊、外语配音大赛、英语辩论沙龙、英语话剧大赛、外语歌曲大赛、趣味国情展、外语电影展播、德语演讲大赛等多个赛事相结合的系列外语文化活动。活动旨在激发学生外语学习兴趣，激励学生从听、说、读、写和译等多方面提升外语运用能力，共有 1020 名学生、253 支团队在各类赛事中脱颖而出获奖，并有 20 名选手被选送参加中国日报（China Daily）英文演讲比赛全国决赛并获奖。

八、法律与翻译文化节

2015 年，中国政法大学法律与翻译文化节成功创办，到 2022 年已成功举办 8 届，通过多种形式让学生体验法律英语文化魅力，同时以赛促学，检验学生法律翻译技能和法律知识，助力法大涉外法治人才培养。文化节以"激发学生法律英语学习兴趣"为宗旨，已逐渐形成以"英语演讲比赛""模拟法庭（双语）比赛"为核心，辅以"法律术语（英语）比赛"、"法律翻译比赛"、学术讲座及论坛等其他项目的特色品牌活动。共计 4000 余名学生积极参加文化节各类竞赛活动，通过遴选，优秀学生将获得推荐和指导，参加北京市演讲比赛。

第五节　学术科研活动

一、名家论坛

中国政法大学"名家论坛"于 2005 年创办，到 2023 年 6 月已连续举办 18 年，共举办 288 场，已成为中国政法大学"学术立校"的一个缩影。论坛充分满足学生对时事的关注点，通过理论联系实际，使学生接触到更广泛的知识体系，激发学生的科研热情。同时，法大对近百位名家的演讲稿进行整理，编辑成《名家大讲堂》公开出版发行，至 2023 年已出版 7 辑。

二、法治政府论坛

中国政法大学"法治政府论坛"创办于 2007 年，截至 2023 年 6 月已经举办 130 期，是法治政府研究院践行大学使命、打造高端智库、传播法治思想的重要平台。论坛不局限于学术观点分享，而是融合了人才培养、科学研究、社会服务、文化传承和国际交往的多重功能。论坛每期邀请 3 到 4 位嘉宾，通常采用主讲与点评的方式进行，现场听众也有机会以提问的方式参与到讨论中，向专家当面请教。2017 年，以 80 期的法治政府论坛的录音稿为基础，《法治政府论坛集萃》顺利付梓。

第六节　文化艺术活动

一、校园艺术节

1987 年 5 月 18 日至 28 日，中国政法大学新校首届大型艺术节在昌平校区举行。艺术节期间，举办了大型文艺演出、法大体育周、新校演艺协会精英表演会、优秀墙报大展、书画、集邮、摄影大展、诗歌朗诵大赛等丰富多彩的文艺体育活动，不少项目还邀请了一些知名学者和专业艺术团体，引起了同学们浓厚的兴趣。1989 年 4 月，中国政法大学艺术团成立，由合唱队、乐队、表演队等组成。1992 年，法大先后将国内顶尖的中央歌剧舞剧院、北京交响乐团、爱乐女子合唱团等艺术团体请进校园，为师生演出。2000 年，中国政法大学艺术团重组，第 2 届社团文化节开幕。2011 年，举办第 2 届校园艺术节。

2021 年起，中国政法大学艺术团将各分团演出系统性归入"法大校园艺术节"，涵盖舞蹈、音乐、语言、传统艺术四大板块，包括古典舞、民族舞、管弦乐演奏、民乐演奏、乐队演奏、合唱、阿卡贝拉、戏剧、相声以及京剧等演出形式，并将演出划分为大小剧场。校园艺术节期间，小剧场演出不少于 5 场，平均观看人数在 300 人次以上；大剧场演出不少于 2 场，平均每场演出观看人数在 550 人次至 700 人次，上座率维持在 98% 以上。2023

年，"法大校园艺术节"共举办"曼舞"舞蹈团专场、"终于等到你"曲艺团专场、"横弓立弦"民乐团专场等 8 场演出。

二、"欢乐法大"新春晚会

1993 年 12 月，"欢乐法大"新春晚会的前身元旦晚会开始举办，截至 2019 年 12 月共举办 28 期，参与师生总数达 60 000 余人次，活动包括文艺晚会、元旦游园会和新春音乐会，为校园营造浓厚的节日氛围，共同庆祝新年的到来，也预祝全校师生来年幸福美满。

三、RONG 聚法大校园广播歌手大赛

1999 年，中国政法大学第一届校园广播歌手大赛开办，时值中国政法大学广播台更新了设备，同时澳门刚刚回归且新千年将至，广播台策划举办了这项大型的校园文化活动。到 2023 年，广播歌手大赛已走过 25 年，成功举办了 24 届，深受在校师生的喜爱和赞誉。2016 年开始，校园广播歌手大赛决赛与颁奖典礼相结合，形成以"融合、容纳、荣耀"为主题的"RONG 聚法大"文化盛典；2017 年，在第 19 届比赛中增设教工组比赛。活动现场颁发"十佳校园文化品牌""十佳通讯员""十佳新媒体平台""优秀校园微电影"等奖项，意在促进更加优质健康的校园文化的培育与发展。

四、"依依法大"毕业晚会

2007 年起，中国政法大学"依依法大"毕业生晚会在每年的毕业季举办，通过文艺演出的形式表达对毕业生的真挚祝福。截至 2023 年 6 月共举办 17 场，包括本科生毕业晚会、研究生毕业晚会和毕业舞台剧，观看人数达 30 000 余人次。

五、"缘聚法大"新生军训慰问演出

2008年起，中国政法大学"缘聚法大"新生军训慰问演出举办，于每年开学初在军训基地通过演出使大一新生在军训生活中体会到充实丰富的艺术魅力，截至2019年9月共举办9场，观看数达30 000余人次。

六、"中华文明季"系列活动

2006年，中国政法大学开设"中华文明通论""西方文明通论"两门必修通识教育核心课程，通识主干课20余门，涉及人文素质、社会科学、自然科学"三大类横向课程模块"，主要是学科史论性质的课程，有"社会学概论""哲学概论""自然科学史"等，听课学生达15 000余人次。2013年4月开始，"中华文明通论"课程的配套活动"中华文明季"系列活动开始举办，到2023年6月已举办21届，现已形成包括中华文明通论课程创意作品展、班级海报展、班级沙龙、班级成果展、中华文明大系讲座、中国传统书画展等活动在内的传统文化育人体系，通过人文精神涵养校园文化。活动期间中国传统书画展会展出多位国内知名书画家的珍贵作品；学界专家、知名学者参与的中华文明大系的学术讲座，业已举办了百余讲。

第七节　体育活动

一、田径运动会

中国政法大学始终高度重视体育运动，把体育作为育人的核心内容之一。1954年10月17日，北京政法学院时期的第一届田径运动会举行，参

加运动会的男女运动员共 274 人；1983 年 5 月举办了中国政法大学时期的第一届运动会。截至 2023 年 5 月，共计举办了 48 届田径运动会。师生们始终秉持公平竞争、团结友爱的原则，传达着"友谊第一，比赛第二"的竞技精神，用体育运动强身健体，以体育精神丰盈心灵。

二、高水平运动队

（一）高水平乒乓球队

中国政法大学高水平乒乓球队 2011 年成立，截至 2022 年，校乒乓球队共摘得 24 项全国大学生比赛桂冠，共有 29 人获得全国冠军。乒乓球女队于 2013 年首次参加全国大学生乒乓球锦标赛就获得了冠军，并在 2013 年、2014 年、2015 年、2017 年、2019 年、2022 年 6 次获得女团冠军；在 2013 年、2015 年、2016 年、2017 年、2018 年、2019 年、2022 年 7 次获得女子单打冠军。

2019 年在第 24 届全国大学生乒乓球锦标赛中，获男子团体冠军、女子团体冠军、男子单打冠军、女子单打冠军、男子双打冠军，以 5 金获得总成绩第一。2021 年在首都高校锦标赛中获女子团体冠军、女子单打冠军、亚军、季军和女双冠军、亚军。2022 年在第 26 届全国大学生乒乓球锦标赛中，获男子团体冠军、女子团体冠军、女子单打冠军、女子双打冠军，以 4 项冠军蝉联总成绩第一。[1]

（二）高水平羽毛球队

2014 年中国政法大学高水平羽毛球队成立，2015 年 8 月，参加全国大学生羽毛球锦标赛夺得甲 B 组亚军，跻身甲 A 组行列；2016 年，在第 20 届中国大学生羽毛球锦标赛上获得冠军，成为大羽赛历史上第一支首年升组就夺得甲 A 组冠军的球队。

---

〔1〕 参见中国政法大学体育教学部资料。

2017 年，在第 21 届中国大学生羽毛球锦标赛上法大运动员实现女团冠军蝉联，包揽女子双打、女子单打两项第一名。2018 年，在第 22 届中国大学生羽毛球锦标赛上实现女团冠军三连冠。2019 年，在第 23 届中国大学生羽毛球锦标赛上获得女单、女双、混双冠军。在第 35 届泛波罗的海洲际大学生运动会中，法大校女队 4 名队员代表国家出战，最终包揽女单冠亚季军、女双冠亚军。

2021 年，在首都高校羽毛球团体赛中，女队获得女子团体亚军，男队取得男子团体第三名的成绩。2021 年 7 月，在第 14 届全国学生运动会中，法大三名队员入选北京代表团，获得女子单打、女子双打双料冠军。2023 年 4 月，首都高校羽毛球锦标赛（单项赛）中，法大羽毛球队获得混合双打冠军和女子双打季军；6 月，在第 25 届全国大学生羽毛球锦标赛中，获得女子团体、女子单打两项冠军和并男子单打、女子双打银牌。

（三）高水平排球队

中国政法大学高水平排球队 2011 年成立。排球队的目标是：建立一支优秀的大学体育代表队，代表中国政法大学参加全国大学生、首都大学生以及全国大学生运动会和中国大学生排球联赛等赛事；进行国内、外大学校际间的排球运动比赛及交流；加强排球运动队文化建设。把高水平运动员的运动水平、思想素质和文化教育放到同等重要的位置来抓，充分发挥高水平排球运动队对校园体育文化的引领作用。

男排在 2014 年首都高校沙滩排球联赛中获亚军，女排在 2014 年首都高校沙滩排球比赛冠军；在 2015 年北京市大学生沙滩排球联赛中获男子甲组冠军；2016 年 6 月 5 日，在首都高等学校阳光体育排球挑战赛中获男子乙 A 组冠军、女子乙 B 组冠军；2017 年 5 月 16 日，获得 2017 年首都高校阳光体育排球挑战赛甲组冠军。2017 年获得中国大学生沙滩排球锦标赛高水平甲 B 组亚军，CUVA 中国大学生排球联赛北方赛区高水平男子 B 组冠军。

三、中国政法大学棒垒球队

中国政法大学棒垒球队成立于 20 世纪 70 年代，曾多次获得北京市冠军，并代表北京获得全运会第三名，1979 年—1982 年实现三连冠。是北京地区高校较早成立棒垒球队的学校之一。2005 年成立法大棒垒球协会，开始参加北京高校棒垒球锦标赛。2012 年战胜清华大学棒球队，成为当年黑马。2020 年 10 月，法大棒垒球队在首都高校第 8 届慢投垒锦标赛中荣获甲组亚军，创造了迄今为止法大棒垒球运动的最好成绩。

四、中国政法大学女子足球队

中国政法大学女子足球队 1990 年成立。球队的口号是"拼搏、团结、坚持、热爱"。1991 年 7 月，在大连举行的第 2 届"宝力杯"全国女子足球邀请赛上，中国政法大学女子足球队夺得季军；在第 4 届首都高校"朝阳锅炉杯"女子足球赛中获得亚军。在 2018 年和 2019 年首都高校女子足球联赛中获校园组冠军；2019 年首都大学生女子五人制足球锦标赛中获校园组冠军；2020 年首都大学生足球联赛中获女子乙组冠军，2020 年首都大学生五人制足球联赛中获女子校园组冠军，并在 2021 年再度蝉联两项比赛的冠军。2011 年以来，法大女足共获得 3 次全国女子大学生室内五人制锦标赛冠军，15 次北京市赛的冠军、1 次北京市赛的亚军和 3 次北京市赛季军。[1]

五、中国政法大学武术队

1992 年，中国政法大学武术队成立。2019 年 11 月，在首都高校第 20 届传统体育养生比赛中获男子单项太极扇冠军。2020 年 11 月，在首都高校武术比赛中获集体二十四式太极拳一等奖。2021 年 5 月，在首都高等学校

---

〔1〕 中国政法大学体育教学部网站。

第 7 届健身气功比赛荣获集五禽戏男子组第一名；7 月，在中国大学生武术套路锦标赛中获女子甲组二十四式太极拳冠军，男子甲组二十四式太极拳冠军，男子甲组象形拳季军，女子甲组各式太极器械亚军；12 月，在首都高校武术比赛中获集体三十二剑一等奖。2022 年 6 月，在全国高等院校健身气功锦标赛中获集体八段锦二等奖，八段锦男子个人赛二等奖、三等奖，八段锦女子个人赛二等奖、三等奖。2023 年 5 月，在中国大学生武术套路锦标赛中获得女子甲 A 组陈式太极拳第一名，男子甲 A 组通臂拳第一名，男子甲 A 组徒手对练第二名。

六、中国政法大学藤球队

1993 年 5 月 20 日，中国政法大学藤球队成立。1994 年、1995 年法大藤球队在全国高校青少年藤球比赛中取得第三名，1996 年斩获第二名；1997 年、1998 年连续两年夺得该项赛事的冠军。在 2019 年全国第 1 届软式藤球锦标赛中，获女子四人赛的冠军；2019 年首都高等学校第 12 届学生藤球比赛中获男子甲组第一名、女子甲组第三名；在 2020 年首都高等学校第 13 届学生藤球比赛中获男子甲组第一名和女子甲组第二名；2021 年首届"牡丹杯"藤球邀请赛中，获男子组双人赛第一名和女子单组赛第一名；2021 年第 14 届首都高校藤球比赛中获男子传踢球项目第二名、女子头球团体项目第二名和女子传踢球项目第一名。

第八节　校园刊物

一、《教学简报》

《教学简报》（本章简称《简报》）创刊于 1954 年 10 月 9 日，是北京政法学院建院初期的第一份刊物，在一定程度上承担了理论研究和校刊两项功能。《简报》由教务处下设的编译室负责，教务长刘昂主管。《简报》刚开始为不定期出版，初期没有封面，每期页数不固定，约5—6万字。1956年，《简报》在《政法院讯》创刊后转而专注于教学科研工作。此后从内容到形式都做了一些改变：增加了两色封面，页数也由每期三四十页增加到五六十页，刊登的稿件以理论文章为主。1957年11月20日，为适应教学和科研工作发展，学院将出版了二十余期的《教学简报》更名为《政法教学》，改版为学术性、理论性刊物。学院成立《政法教学》编委会，由刘镜西、王仲元、宁致远、严景耀、姜达生、赵吉贤、张杰、张子培、曾炳均、鲁直等15人组成。1957年底，《政法教学》第一期与广大师生员工见面，对探索政法专业教育的方法和途径起到了积极作用。改版后的《政法教学》由时任北京政法学院党委书记、副院长刘镜西题写刊名，印数达到了1500册，篇幅也有所增加。1958年，《政法教学》在出版了2期后停刊。

二、《中国政法大学校报》

《中国政法大学校报》（本章简称"校报"）是由教育部主管，中国政法大学主办的学校党委机关报。校报在中国政法大学党委的正确领导下，始终坚持正确的办报方向，坚守新闻理想，弘扬大学精神，反映师生心声，为法大的改革发展稳定提供了强有力的精神动力、思想保证和舆论支持。它不仅是法大砥砺前行的见证，更是法大大学精神和文化的积淀，其自身也是法大发展的缩影。

1957年2月27日，校报前身北京政法学院校刊《政法院讯》创刊。《政法院讯》作为北京政法学院的第2份刊物，主要作用是在院党委领导下宣传和贯彻党的教育方针政策和学院党委的决议，推动学院中心工作的开展，是全校师生进行思想政治教育、交流教学科研和其他工作经验、活跃校园文化氛围和丰富校园生活的主要载体。1960年，《政法院讯》停刊，1965

情怀法大

年经北京市委批准复刊，改名为《北京政法学院校刊》。北京政法学院复办以后，1981年5月25日，《北京政法学院校刊》也恢复办刊。1983年，中国政法大学正式成立。1983年6月7日，《北京政法学院校刊》更名为《中国政法大学校讯》正式发行。1987年12月1日，《中国政法大学校讯》改称《中国政法大学校刊》。2001年4月10日，《中国政法大学校刊》改名为《中国政法大学校报》。

复刊后，校刊经历了从人工画版样铅字印刷到电脑排版、激光照排技术，再到校园网建立推出电子版等技术上的改进。报头"中国政法大学"字样也由毛体改为邓体，校名拼音字母也改为英语标识"China University of Political Science and Law"，增加"内部准印号ZQ162-920209""CN11-0825/G"和校报电子版网址等标识。这一点一滴的改变，不仅见证了校刊一步步走向成熟，也见证了法大的发展。

从出版周期来看，复刊后的《中国政法大学校讯》从原来的不定期出版、每学期4—5期（接近月刊），到1987年改名《中国政法大学校刊》后的每学期出刊9—10期（接近旬刊），再到2002年改成周报。出版周期不断缩短，适应了信息时代信息传播速度加快、信息量大增的特点。从容量来看，在2002年以前，校刊一直是四开小报，2002年正式改版为对开四版大报，为内容的丰富多样提供了更多的可能性。从发行范围来看，1993年10月正式列入全国高校校报系列正式出版物；2000年9月10日，开始纳入国内连续出版物系列。截至2023年6月27日，复刊后的校报共发行1134期。

校报以"立学科地位、展学人风采、树学府形象"为办报理念，历代主编、编辑开辟了"守望法大""人文札记""军都茶座"等一批为师生喜闻乐见的精品版面和栏目。江平、陈光中、张晋藩、李曙光、舒国滢等一批知名专家学者均曾为其撰稿。在如今信息传播渠道多样、传播速度飞快的时代里，校报也迎来新的契机，面临着新的转变。然而，一直不变的，是它作为法大守望者的角色——始终忠实地关注和记录着学校的每一步发展和变化，始终力求为校园生活增添更多样的色彩。

三、《政法论坛》

《政法论坛》是由教育部主管、中国政法大学主办的以反映法学研究成果为主的专业学术期刊，前身是 1979 年创办的《北京政法学院学报》。

1983 年，原《北京政法学院学报》更名为《中国政法大学学报》，1984 年开始在全国发行，1985 年再次更名为《政法论坛（中国政法大学学报）》，由彭真同志题写刊名，2007 年起仅用《政法论坛》作为刊名。作为法大历史最悠久的学术期刊，《政法论坛》恪守弘扬法治、传承思想、严谨求实的办刊宗旨，贯彻政治性与学术性相结合，理论研究与法制实践、教学实践相结合的办刊方针，坚定服务政法学术研究，大力扶持新时代优秀法学作品，注重发掘本土法治资源，使得该刊在学术界享有良好的学术声誉，并多次获得国家级殊荣。它是第一批国家社会科学基金资助期刊暨 2021 年度优秀期刊、教育部社科期刊"名刊工程"入选期刊、高校社会科学名刊、全国三十佳社科学报、中文社会科学引文索引来源期刊、中文核心期刊要目总览来源期刊、中国人文社会科学引文数据库来源期刊。该刊为双月刊，国内统一刊号：CN11-5608/D，国际标准刊号：ISSN1000-0208。

四、《比较法研究》

《比较法研究》是由教育部主管、中国政法大学主办的专业学术期刊，由中国政法大学比较法学研究院编辑出版，创刊于 1987 年。其办刊宗旨为：促进中国比较法学基本理论的研究和探讨，对不同法系、不同国家的法学理论和法律制度进行比较研究，寻求人类普遍适用的法律原则和法律规则，传承世界先进法律文明，反映中国国内外比较法学发展的动态和研究成果，为中国法治建设提供具有启发性、可行性的借鉴和思路。

《比较法研究》属开放性学术园地，主要刊载比较法学研究的学术论文，现设有"论文""专题研讨""法政时评""民法典编纂""人文对话""法学译介"等栏目。《比较法研究》于 2014 年 2 月成为中国原国家新闻出版广电总局第一批认定学术期刊，并一直连续入选南京大学"中文社会科学引文索引（CSSCI）来源期刊"、北京大学"中文核心期刊目录总览"、中国社会科学院"中国人文社会科学核心期刊"、中国法学会"中国法学核心科研评价来源期刊"。该杂志 1993 年起向国内外公开发行，为季刊，2003 年起改为双月刊，国内统一刊号：CN11-3171/D，国际标准刊号：ISSN1004-8561。

五、《行政法学研究》

《行政法学研究》是由教育部主管、中国政法大学主办的专业学术期刊，由《行政法学研究》编辑部出版，创刊于 1993 年，是我国首家行政部门法学杂志。杂志社社长为应松年教授，主编为马怀德教授。

自创立以来，杂志坚持囊括百家、兼容并蓄，荟萃行政法理论与实务研究成果，弘扬行政法治精神，以推动依法行政、法治政府建设为宗旨，以弘扬行政法治精神、推动依法行政和法治政府建设为己任，始终聚焦于中国行政法治建设道路上的一系列理论和实践难题，持续刊发关注行政法治的高品质学术论文，见证了中国行政法治从创业起步、成长壮大到蔚然勃兴的伟大历程。

杂志辟有"学术专论""青年论坛""行政复议""审判时间"等常设栏目，为紧密配合国家行政立法、行政执法、行政复议、行政诉讼等立法与实务，还不定期推出一些专题研究和观点摘编。《行政法学研究》是国家社科基金资助期刊，已被列入"中文社会科学引文索引（CSSCI）来源期刊""中国人文社科核心期刊""法律类中文核心期刊""中国社会科学期刊精品数据库来源期刊""中国学术期刊综合评价数据库来源期刊"和"中国核心期刊（遴选）数据库"，并已加入《中国学术期刊（光盘版）》《中国期刊网》全文数据库、北大法律信息网等。杂志自 2015 年变更为双月刊，国内统一刊号：CN11-3110/D，国际标准刊号：ISSN1005-0078。

六、《中国政法大学学报》

《中国政法大学学报》（本章简称"学报"）是由教育部主管、中国政法大学主办的面向海内外学术界的综合性人文社会科学学术期刊，创刊于2007年。

学报以"提倡学术规范、尊重知识产权、推进学术交流、追求学术创新"为办刊理念，坚持学术自由、兼容并包的编辑取向，崇尚扎实创新的学风。刊发论文涉及人文社会科学的大部分学科。

杂志设置"习近平法治思想研究""法治文化""学术论衡"等栏目，其中"习近平法治思想研究""环境资源法学""法治文化"是重点栏目，旨在突出思想引领性、学术前沿性、国际性和文史哲等人文社会科学与法学的综合创新，提升学术引领作用、推进当代中国的法治文化建设。学报创刊以来，首发论文被《新华文摘》《中国社会科学文摘》《高等学校文科学术文摘》以及《人大复印资料》等刊物转载的篇次，在国内政法类院校学报中名列前茅。重点特色栏目"法治文化"产生良好社会反响，整体下载率、引用量逐年提高。学报为双月刊，国内统一刊号：CN11-5607/D，国际标准刊号：ISSN1674-0602。

七、《证据科学》

《证据科学》杂志是由教育部主管、中国政法大学主办的专业学术期刊，由中国政法大学证据科学研究院承办。其前身为原《法律与医学杂志》，2007年由国家新闻出版署批准，更名为《证据科学》。

杂志主要刊登国内外研究人员的理论研究、实务实证研究成果，注重前沿性、学术性、实用性，对热点问题、典型案例进行剖析；对现实热点问题组织专家进行分析论证。杂志立足于证据法学、法庭科学、医事法学理论与实务领域，以建设社会主义法治国家为宗旨，结合我国立法、司法实践，广泛参考发达国家和地区证据法学、法庭科学、医事法学以及相关边缘交叉学科领域的前沿理论、判例学说、研究成果，研究证据科学领域的基本理论问题和重大法律问题，为我国证据科学、医疗纠纷诉讼立法和司法提供理论指导和科学根据，提升我国证据科学、医事法学的学术水准。杂志设"证据法学""证据科学""法庭科学" 3 个板块，开辟"学术前沿""案例评介""实证研究""法官说法""科学证据""域外法学"等栏目。2013 年起该杂志入选中文社会科学引文索引（CSSCI）来源期刊扩展版。杂志为双月刊，国内统一刊号：CN11-5643/D，国际标准刊号：ISSN1674-1226。

八、《人权研究》（中英文）

《人权研究》季刊（Chinese Journal of Human Rights）是由教育部主管、中国政法大学主办的人权领域中文学术期刊，创刊于 2020 年。其办刊宗旨是：坚持正确的舆论导向和办刊方向，刊载国际人权领域研究新理论、新成果、新案例，促进国际人权学术交流，提升中国人权话语权和影响力，推动国际人权事业发展。

《人权研究》季刊关注国际国内人权领域热点问题，紧随重要时间节点组织、推出了一批反映新时代中国特色社会主义法治理论与实践的优秀理论成果。自创刊以来，《人权研究》季刊已有文章陆续被《人大复印报刊资料》《高等学校文科学术文摘》等转载、摘编，并与中国知网、北大法宝、超星、维普、台湾华艺等数据平台开展合作。

2021 年 10 月，《人权研究》季刊入选中国期刊协会举办的第 28 届北京国际图书博览会（BIBF)"2021 中国精品期刊展"。《人权研究》季刊于 2020 年 6 月正式出版创刊号，每年 3 月、6 月、9 月、12 月出版，面向海内外公开发行。截至 2023 年 6 月，《人权研究》季刊已出刊 13 期，国内统一刊号：CN10-1671/D，国际标准刊号：ISSN 2096-8221。

九、Journal of Forensic Science and Medicine（法庭科学与法医学杂志，简称 JFSM)

Journal of Forensic Science and Medicine（法庭科学与法医学杂志），是由司法文明协同创新中心和中国政法大学证据科学研究院共同主办的全英文国际专业期刊，创刊于 2015 年。秉承"让世界了解中国法庭科学，让中国法庭科学走向世界"创刊主旨，JFSM 期刊广泛涵盖与法律问题交叉的科学与医学主题，专业领域涉及犯罪学、数字 / 多媒体科学、工程科学、法医人类学、法医临床学、法医齿科学、法医病理学、法医生物学、法医放射学、法医毒物学、法学、文件检验、法医精神病学与行为科学等多学科分支，在国际法庭科学领域积极传播中国声音，展示中国法庭科学文化与研究成果，推动国内外法庭科学交流与合作，全面提升中国法庭科学的国际影响力。

该期刊的在线全球开放获取以及印刷版发行均与国际出版商威科集团合作，自 2017 年 4 月 26 日起已被收录于 DOAJ 开放获取期刊索引系统（Directory of Open Access Journals）。2020 年 3 月 JFSM 已正式被 Scopus 数据库收录，标志着 JFSM 期刊的质量和办刊标准获得国际认可，对扩大期刊传播范围，提升学术影响力具有重要意义。期刊自 2016 年起以季刊出版。